100
SAUCES POUR
LES PÂTES

TEXTE DE
SALLY GRIFFITHS

ADAPTATION FRANÇAISE DE
ANNE-MARIE THUOT

PHOTOGRAPHIES DE
SIMON WHEELER

GRÜND

SOMMAIRE

INTRODUCTION

Au début des années soixante, ma mère acheta une petite « casetta di campagna » en Calabre. Avec la maison, elle adopta Anna, laquelle, au grand bonheur de ma mère, devait bientôt se rendre irremplaçable chez nous comme confidente, conseillère et cuisinière. Pour moi, elle était avant tout quelqu'un qui cuisinait merveilleusement les pâtes. Depuis, je n'ai cessé d'adorer ses recettes.

À cette époque, l'Italie méridionale offrait une cuisine honnête, injustement négligée, malgré la profusion d'ingrédients issus de cette terre ensoleillée, baignée par la mer, fruits et légumes y poussaient sous un soleil de plomb, sans parler de l'abondance des produits de la pêche. La bonne viande de bœuf, en revanche, était rare. Anna s'en arrangeait, comme toute maîtresse de maison italienne : elle utilisait les produits frais de la région pour varier la saveur de ses sauces ou de ses farces lorsqu'elle préparait les pâtes. Ainsi qu'elle se plaisait à le dire : « Un repas n'a pas forcément besoin d'être compliqué, il suffit qu'il soit bon ».

Je sais d'expérience qu'il n'est rien de tel qu'un plat de pâtes pour un dîner improvisé ou, inversement, pour planter le décor d'un repas gourmand. Après une longue journée, j'en connais peu qui soient d'humeur à se lancer dans des recettes compliquées, ou qui s'en sentent l'énergie. Sachant cela, je me suis inspirée du savoir-faire d'Anna pour rédiger mes recettes. Elles sont rapides à préparer, faciles à cuisiner, et aussi belles que bonnes.

Chaque sauce, qu'elle soit à l'huile, au fromage, aux légumes ou à la viande, correspond à un type de pâtes. Il s'agit toujours d'obtenir un mets où saveurs et textures s'équilibrent harmonieusement. À partir de cette règle simple, je suggère quelques associations utiles.
Cuire des pâtes n'est pas sorcier, encore faut-il le faire correctement. Grâce aux questions-réponses, vous pourrez vous y retrouver en toutes occasions.

Les supermarchés proposent aujourd'hui une vaste gamme de produits italiens, et nous pouvons donc élargir notre horizon. À votre intention, j'ai dressé la liste des ingrédients qu'il est bon de posséder en réserve, afin que vous puissiez cuisiner au moins trente recettes sans avoir à courir dans les magasins. Figure également dans ce livre une liste d'ustensiles, dont certains sont irremplaçables.

Le reste de l'ouvrage est consacré aux recettes. Bien qu'elles ne soient ni longues ni compliquées, j'ai réservé quelques pages aux préparations réellement simples, qui nécessitent peu ou pas de cuisson. Ensuite, par chapitres, sont répertoriées les sauces aux légumes, aux œufs et au fromage, au poisson et aux fruits de mer, à la viande et au gibier.

Pour chaque recette, afin de mettre la sauce en valeur, j'indique le type de pâtes à employer. Comme il en existe plus de 350 variétés, libre à vous de faire les associations de votre choix.

Je n'ai pas encore rencontré l'auteur d'un livre sur les pâtes qui ne soit passionné par le sujet. Je le suis également. J'ai eu beaucoup de plaisir à écrire cet ouvrage et j'espère sincèrement que le vôtre sera aussi grand lorsque vous marierez sauces et pâtes !

MATÉRIEL NÉCESSAIRE

La plupart des ustensiles cités ici sont déjà présents dans une cuisine
normalement équipée. Toutefois, si vous n'en avez pas, cela vaut la peine de faire l'achat
d'une grande passoire et, plus important, d'une grande casserole à fond épais en inox pour y cuire les pâtes.

Grande casserole, ou marmite, à fond épais en inox
Un grand récipient permet à l'eau en ébullition de circuler
librement, ainsi les pâtes ne réabsorbent pas l'amidon libéré
en cours de cuisson.

Grande passoire à pied avec anses La petite passoire est
à proscrire pour égoutter une grosse quantité de pâtes.
Avec une grande, vous pourrez les secouer et les remettre
efficacement et vite dans le récipient chaud.

Presse-ail Investissez dans un presse-ail solide, qui libère la
pulpe facilement, car vous en ferez un usage intensif !

Râpe à fromage Inutile d'avoir un ustensile compliqué,
une simple râpe en métal est parfaite.

Presse-citron Choisissez-en un qui retienne les pépins,
afin de ne pas les retrouver dans la sauce.

Verre doseur Pour mesurer facilement les ingrédients.

Cuillères à soupe et à café en métal Dans bien des cas,
elles servent de mesures standard.

Poêles à frire à fond épais La chaleur y est uniformément
répartie, et ces poêles durent des années !

Robot ménager C'est un réel gain de temps.

Cuillères en bois à long manche Elles vous permettront
de remuer facilement les pâtes dans un grand récipient.

Fourchettes à long manche Elles sont très pratiques pour
vérifier la cuisson des pâtes longues et glissantes.

Couteau à parmesan Ce couteau à lame courte et pointue
permet de détailler de gros morceaux de parmesan.

Couteau économique Pour prélever des copeaux de
parmesan afin d'en garnir des salades ou autres mets.

Moulin à poivre Pour compléter votre table. Il en existe
en bois, en argent ou en plastique, dans de nombreux
coloris.

Petites cuillères en bois Elles sont moins abrasives que
celles en métal.

Petites casseroles Très précieuses. En prévoir plusieurs.

Planches à découper Afin de ne pas entailler ni rayer les
plans de travail.

Bocaux Très pratiques pour y transférer les pâtes sèches
après ouverture du paquet.

Planche à découper en plastique résistant Pour hacher
l'ail ou tout autre ingrédient fortement aromatique.

Lèche-plat souple à long manche Pour racler les parois du
bol mélangeur du mixeur ou du robot ménager.

Couteaux Bien aiguisés, ils facilitent la tâche pour hacher
ou émincer.

Saladiers Un bon assortiment de saladiers est utile pour
mélanger les ingrédients.

Pilon et mortier Façon simple et efficace de libérer les
principes aromatiques d'un ingrédient – grains de poivre ou
herbes – en le pilant au mortier.

Écumoire Très pratique pour prélever et égoutter les pâtes
farcies après cuisson.

PRODUITS DE BASE

Bien que les produits frais soient généralement jugés supérieurs,
les conserves sont tout à fait acceptables pour confectionner les sauces.
La plupart des ingrédients ci-dessous se trouvent dans les supermarchés.
Dans le cas contraire, allez dans une bonne épicerie italienne et faites-vous plaisir !

Pâtes sèches

Prévoyez-en de toutes sortes et de toutes les couleurs :
cheveux d'ange, spaghetti gros et fins, linguine, trenette,
fettuccine, tagliatelle, penne fusilli (torsettes), farfalle
(papillons), conchiglie (coquillages et coquillettes),
macaroni, rigatoni et tortellini.*

Produits de base

Anchois, sardines, saumon et thon au naturel, moules au
naturel, moutarde, piments en conserve, olives vertes, olives
noires dénoyautées, câpres, haricots blancs et flageolets au
naturel, cèpes séchés, tomates séchées (en sachets ou à
l'huile d'olive), tomates au naturel (au moins 4 boîtes),
concentré de tomates, chapelure, vin rouge et blanc,
courts-bouillons, bouillons en cubes.

Fruits secs et graines

*À conserver dans des pots hermétiquement fermés pour en
préserver la fraîcheur.*
Pignons, amandes effilées, noix, graines de pavot.

Huiles et vinaigres

*À conserver dans des bouteilles hermétiquement bouchées, à
l'abri de la lumière.*
Huile d'olive vierge extra, huile à la truffe, huile de nòix ou
de noisette, huile pimentée, huile d'olive moins fruitée
(pour la friture), vinaigre balsamique, vinaigres de vin rouge
et blanc.

Condiments en pâte ou en purée

*Pour en préserver la fraîcheur, versez dans le bocal une fine
couche d'huile d'olive à la surface du produit.*
Pâte d'olive verte, pâte d'olive noire, tapenade, concentré de
tomates.

Fruits et légumes

Tomates, citrons, ail, oignons, échalotes, poivrons, piments,
courgettes, aubergines.

Poivre et sel

À conserver dans un endroit frais et sec.
Poivre noir en grains, poivre de Cayenne, sel (fin et gros).

Épices

*À conserver dans des pots hermétiques, à l'abri de la lumière,
dans un endroit frais et sec.*
Chili (ou piments oiseaux), noix de muscade, cannelle,
safran.

Herbes séchées

*À conserver dans des pots hermétiques, à l'abri de la lumière,
dans un endroit frais et sec.*
Marjolaine, origan, estragon, thym, romarin, basilic,
laurier, aneth.

Herbes fraîches

*À faire pousser dans une jardinière ou de jolis pots sur le
rebord de la fenêtre.*
Basilic, coriandre, persil à feuilles plates, ciboulette.

Charcuterie

Jambon cru tranché, sous vide, à conserver
au réfrigérateur, pancetta (poitrine de porc roulée,
à conserver bien emballée au réfrigérateur).

Au réfrigérateur

Crème fraîche, beurre, œufs.
À conserver bien emballés :
Parmesan, pecorino (fromage
de brebis très sec)

Au congélateur

Sachets de petits pois,
bouillons de légumes et de
volaille faits maison.

** Pour les noms de pâtes, nous
conservons l'orthographe italienne.*

Bucatini

Fusilli lunghi bucati

Tagliatelle

Spaghetti

Maccheroni napoletani

Trenette

LES VARIÉTÉS DE PÂTES ALIMENTAIRES

Il existe des centaines de pâtes différentes. En Italie, on attache une grande importance
aux mariages des saveurs, des textures et des formes. En voici quelques exemples :

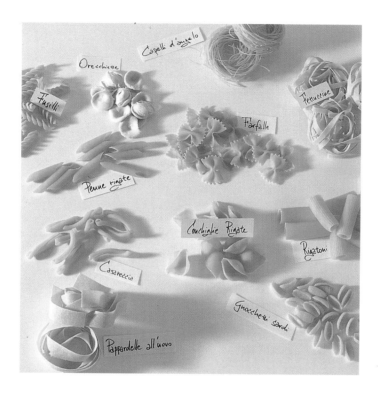

Pâtes longues et rondes

Comme les cheveux d'ange, fedelini, spaghettini,
vermicelle, spaghetti ou spaghettoni s'accommodent
de préférence avec une sauce à l'huile d'olive, qui leur
permet de rester glissants et bien séparés.

Pâtes longues et plates

Linguine, trenette, fettuccine, tagliatelle, tagliolini,
pappradelle, lasagnette, nouilles, lasagne et tonnarelli,
par exemple, doivent être accompagnées d'une sauce plus
consistante au fromage, aux œufs et/ou à la crème fraîche,
ou étoffée de petits morceaux de viande ou de jambon
de Parme.

Pâtes courtes

Comme les coquillettes ou les coudes, sont meilleures avec
une sauce juteuse, qui pénétrera à l'intérieur. Les pâtes
tubulaires de taille intermédiaire sont excellentes avec des
sauces aux légumes, tandis que les grosses variétés, comme
les rigatoni ou les cannelloni, sont parfaites en gratins ou
agrémentées de sauces à la viande.

Pâtes farcies

Une multitude de délicieux ingrédients peuvent servir
de farces. Il vaut mieux choisir une sauce simple, qui
ne masquera pas la saveur de la farce – un peu de beurre
fondu et de fromage, par exemple.

Tortellini

Lasagne

Tagliarini

Fettuccine

Ravioli

Ravioli alla ricotta

LES PÂTES DE A à Z

Méfiez-vous des propos tenus par de soi-disant historiens de la gastronomie, qui parlent doctement
de l'origine des pâtes, citant même au passage quelques coins reculés de l'Italie. En fait, nul ne sait où, ni comment,
les pâtes sont arrivées jusqu'à nous. Selon une vague légende, elles seraient nées dans les cuisines chinoises,
et Marco Polo nous en aurait rapporté certaines recettes de ses voyages en Orient…

Quelle que soit leur mystérieuse origine, leurs couleurs appétissantes ont d'abord égayé les tables italiennes, puis celles des pays occidentaux. On ne s'étonnera pas que, pour beaucoup d'entre nous, les pâtes soient indissociables de l'Italie. Nous les considérons comme la spécialité italienne par excellence.

Combien existe-t-il de formes de pâtes ? Les Italiens en ont inventé plus de 350, toutes différentes, chacune étant adaptée à une sauce précise (voir p. 13).

Doit-on les servir en entrée ou en plat principal ? Chaudes, froides, en entrée, en plat principal et même en pudding. Les Italiens en servent parfois une petite portion entre le poisson et la viande.

Les pâtes sont-elles bonnes pour l'organisme ? Elles contiennent des protéines, des vitamines et des sels minéraux. Elles sont riches en hydrates de carbone et donc très énergétiques pour les athlètes.

Font-elles grossir ? Pas les pâtes elles-mêmes, c'est la sauce qui fait s'envoler le nombre de calories !

Existe-t-il d'autres pâtes à part celles au blé dur ? Essayez les variétés à la farine complète d'épeautre (dans les magasins diététiques). D'une faible teneur en gluten, elles conviennent à ceux qui sont allergiques au blé.

Les pâtes fraîches sont-elles meilleures que les autres ? Pour beaucoup, les pâtes sèches valent les fraîches. Toutefois, il importe de choisir une marque italienne de bonne qualité.

Comment reconnaître les pâtes vraiment fraîches ? Vérifiez qu'elles ont été fabriquées par une maison digne de confiance, car on ajoute souvent de l'eau pour en augmenter le poids. Il est difficile de dire si elles sont depuis longtemps ou non à l'étalage – une qualité inférieure gonfle énormément à la cuisson et donne une masse collante.

Quelle sauce servir avec les pâtes fraîches ? Une sauce légère à la crème, au beurre ou composée d'un ingrédient que la pâte, poreuse, absorbera.

Les pâtes fraîches sont-elles plus authentiques ? Pas vraiment. Aujourd'hui, les fraîches se vendent uniquement dans le nord de l'Italie, alors qu'on consomme énormément de pâtes sèches dans le Sud.

Quelles pâtes servir avec quelle sauce ? En général, les pâtes longues et rondes se servent avec des sauces à l'huile, les plates avec des sauces aux œufs, au fromage, à la crème fraîche ou à la viande de saveur neutre et les pâtes tubulaires avec des sauces plus onctueuses qui pénètrent à l'intérieur.

Quelle est leur durée de conservation ? Les sèches se conservent un an environ ; les fraîches sont meilleures consommées le jour de l'achat.

Comment sont fabriquées les pâtes sèches ? Elles sont faites avec de la semoule de blé dur malaxée avec de l'eau. La pâte souple obtenue est parfois enrichie d'œufs. Préférez les bonnes marques afin d'éviter les mauvaises surprises à la cuisson. L'emballage doit spécifier blé dur ou semoule pure.

Qu'est-ce qui différencie les pâtes fraîches du commerce de celles faites maison ? Les premières, faites avec du blé dur, de la semoule, de la farine, des œufs et de l'eau, supportent mal la comparaison avec les secondes, d'une finesse incomparable.

Qu'appelle-t-on farine de blé dur ? Le blé dur est surtout cultivé au Canada et aux États-Unis. Moulu, il donne une semoule dure, qui confère sa fermeté à la pâte à nouilles.

En quoi les pâtes aux œufs sont-elles différentes des autres ? Elles ont une saveur et une couleur plus prononcées. Les œufs ajoutent des protéines et donnent de la tenue aux pâtes.

LA CUISSON DES PÂTES

Quand cuire les pâtes ? Juste avant de passer à table.

Quelle quantité par personne ? Tout dépend de votre appétit ! Quantités prévues pour 4 personnes :

En entrée
Pâtes sèches : 175-225 g
Pâtes fraîches : 450-700 g

En plat principal
Pâtes sèches : 350 g
Pâtes fraîches : 900 g

Comment les cuire ? Portez un grand volume d'eau salée à ébullition, mettez-y les pâtes et remuez bien. Couvrez le récipient jusqu'à la reprise de l'ébullition, puis ôtez le couvercle. Remuez les pâtes à plusieurs reprises en cours de cuisson. Afin qu'elles ne soient pas trop cuites, goûtez-les 1 à 2 minutes avant la fin du temps de cuisson porté sur l'emballage. Égouttez-les, remettez-les dans le récipient et additionnez-les d'une goutte d'huile d'olive. Remuez et servez immédiatement. Pour les servir froides, procédez comme ci-dessus, mais laissez-les refroidir à température ambiante après avoir ajouté l'huile d'olive.

Quel récipient employer ? Pour que les pâtes cuisent uniformément, sans coller, prenez une casserole à fond épais suffisamment grande, afin que l'eau puisse circuler entre les pâtes et reste à la même température.

Quel volume d'eau utiliser ? À la cuisson, les pâtes absorbent de l'eau et perdent de l'amidon. Si le volume d'eau est insuffisant, elles réabsorberont cet amidon. Prévoyez 1 litre d'eau pour 100 grammes de pâtes.

Faut-il saler l'eau ? Oui, sinon vos pâtes seront fades. Ajoutez 1 cuillerée à café de sel pour 1 litre d'eau.

Comment éviter qu'elles collent au récipient ? Certains versent un peu d'huile d'olive dans l'eau avant d'y cuire les pâtes, mais ce n'est pas nécessaire – sauf pour les grosses pâtes plates. Remuez-les aussitôt après les avoir plongées dans l'eau bouillante et plusieurs fois en cours de cuisson.

Quel est le temps de cuisson recommandé ? Les pâtes fraîches cuisent en 2 à 3 minutes environ (un peu plus pour les pâtes farcies). Pour les autres, comptez entre 4 et 15 minutes, selon la grosseur et la forme.

Comment sait-on si elles sont cuites ? Avec une fourchette, prélevez une pâte à une ou deux reprises avant la fin du temps de cuisson conseillé et goûtez-la. Elles doivent être cuites *al dente* – fermes sous la dent.

Que faire lorsqu'elles sont trop cuites ? Un excès de cuisson les transforme en une masse collante. Auquel cas, jetez-les et recommencez !

Faut-il les égoutter dans un chinois ou un égouttoir ? Dès qu'elles sont cuites, transférez-les dans un grand égouttoir, secouez bien et remettez-les dans le récipient de cuisson, ou disposez-les dans un plat préchauffé. Ne les égouttez pas trop, sinon la sauce ne les enrobera pas correctement. Pour égoutter les pâtes farcies, sortez-les de l'eau à l'écumoire.

Faut-il les passer à l'eau froide après les avoir égouttées ? Non. Cela retirerait la pellicule d'amidon. Arrosez-les d'huile d'olive ou agrémentez-les de noix de beurre pour les « graisser » et mélangez-les à la sauce.

Quand faut-il ajouter la sauce ? Sitôt les pâtes égouttées, mélangez-les à la sauce. Pour les pâtes farcies, qui risquent de se défaire si vous les remuez, versez la sauce dans le plat et disposez-les dessus, ou nappez-les délicatement à la cuillère.

Quelle quantité de sauce doit les agrémenter ? Pas trop. La sauce doit uniquement les enrober. Les pâtes ne doivent pas baigner dedans.

Quels sont les accompagnements classiques ? On saupoudre de parmesan râpé la plupart des plats de pâtes – sauf ceux agrémentés de sauces au poisson. Faites-le au moment de les manger car le parmesan perd sa saveur en quelques minutes. Parmi les autres garnitures citons le poivre, le pecorino, les pignons grillés (voir ci-dessous) et les herbes fraîches ciselées.

L'ART DE …

Griller les fruits secs et les graines Faites-les blondir à sec dans une poêle bien chaude, en les secouant.

Peler les tomates Mettez-les dans un saladier avec de l'eau bouillante et laissez-les 1 à 2 minutes. Ôtez-les, la peau se pèlera facilement.

Peler les poivrons Passez-les 25 à 30 minutes au four préchauffé à 200 °C (ou mettez-les sous le gril très chaud), jusqu'à ce que la peau se boursoufle et noircisse. Ôtez-les, mettez-les dans un sac en plastique scellé, placez au frais et pelez-les.

Faire suer un aliment Cela signifie le faire revenir quelques minutes jusqu'à ce qu'il devienne transparent, ou qu'il fonde.

LES RECETTES

LE PESTO

Toutes les recettes sont pour quatre personnes. Le pesto est délicieux avec les pâtes chaudes ou froides.
À servir avec des spaghetti ou des pâtes « rubans » comme les tagliatelle, les trenette ou les fettuccine.

• Le pesto se garde une semaine au réfrigérateur, dans un bocal hermétique.
• Mixez brièvement les ingrédients pour que votre sauce reste agréablement croquante.

Pesto à la roquette

50 g de pignons	*Sel*
50 g de roquette fraîche, avec les tiges	*9 cuil. à soupe d'huile d'olive*
1/2 à 2 gousses d'ail	***Pour finir***
50 g de parmesan fraîchement râpé	*Poivre du moulin*
1 cuil. à soupe de jus de citron	*25 g de pignons grillés (voir p. 17)*
	Parmesan fraîchement râpé

Mettez tous les ingrédients, sauf l'huile, dans un robot ménager et travaillez-les 30 secondes pour obtenir une purée grossière. Versez l'huile en filet et mixez en pommade grumeleuse. Mélangez aux pâtes, poivrez et parsemez de pignons et de parmesan.
• Vous pouvez remplacer les pignons par des cerneaux de noix.
• Il est aussi possible de remplacer la roquette par des jeunes feuilles d'épinards.

Pistou ou PESTO AU BASILIC

50 g de feuilles de basilic frais	***Pour finir***
1 gousse d'ail pelée et pilée	*Sel et poivre du moulin*
1 cuil. à soupe de pignons	*25 g de parmesan fraîchement râpé*
6 cuil. à soupe d'huile d'olive	

Mettez tous les ingrédients, sauf l'huile, dans un robot ménager et travaillez-les 30 secondes pour obtenir une purée grossière. Versez l'huile en filet et mixez en pommade grumeleuse. Mélangez aux pâtes, assaisonnez et saupoudrez de parmesan.
• Si la sauce manque d'onctuosité, ajoutez de l'huile et mixez quelques secondes.

Pesto à la coriandre

50 g de feuilles de coriandre fraîche	*8 cuil. à soupe d'huile d'olive*
1 cuil. à soupe de pignons	***Pour finir***
1/2 à 1 cuil. à café de chilis séchés	*Sel et poivre du moulin*
1 cuil. à soupe de jus de citron	*Parmesan fraîchement râpé*

Procédez comme pour le pistou.

Pesto aux olives et aux pistaches

50 g de pistaches non salées	*1 cuil. à soupe de jus de citron*
4 gousses d'ail pelées et pilées	*100 g de parmesan*
1 cuil. à soupe de poivre vert	*fraîchement râpé*
100 g d'olives noires ou vertes dénoyautées	*Sel et poivre du moulin*
	8 cuil. à soupe d'huile d'olive

Procédez comme pour le pistou.

Pesto au persil et aux noisettes

50 g de persil frais (sans les tiges)	*6 cuil. à soupe d'huile d'arachide*
25 g de parmesan fraîchement râpé	*6 cuil. à soupe d'huile de noisettes*
2 gousses d'ail pelées et pilées	***Pour finir***
1 cuil. à soupe de jus de citron	*2 cuil. à soupe de noisettes broyées*
Sel et poivre du moulin	*Parmesan fraîchement râpé*

Procédez comme pour le pistou.

Pesto aux tomates séchées

1/2 cuil. à soupe de tomates séchées, reconstituées dans l'eau chaude ou égouttées de leur huile, puis concassées	*2 échalotes hachées*
	2 gousses d'ail pelées et pilées
2 cuil. à soupe de persil frais	*1 cuil. à soupe de jus de citron*
12 cuil. à soupe d'olives noires dénoyautées	*4 cuil. à soupe d'huile d'olive*
	Sel et poivre du moulin
65 g de pignons	*Parmesan fraîchement râpé*

Procédez comme pour le pistou.

Pesto aux fines herbes

100 g de persil frais (sans les tiges)	*25 g de mie de pain*
15 g de feuilles de basilic frais	*3 cuil. à soupe de jus de citron*
50 g d'anchois en conserve	*7 cuil. à soupe d'huile d'olive*
3 cuil. à soupe de câpres	***Pour finir***
2 gousses d'ail pelées et pilées	*Sel et poivre du moulin*
1 cuil. à soupe d'oignon haché	*Parmesan fraîchement râpé*

Procédez comme pour le pistou.

Pesto à l'oseille

100 g d'oseille	***Pour finir***
50 g de pignons grillés (voir p. 17)	*Sel et poivre du moulin*
50 g de parmesan fraîchement râpé	*Parmesan fraîchement râpé*
2 cuil. à soupe d'huile d'olive	

Procédez comme pour le pistou.

Ci-contre *Pesto à la roquette*

SAUCES À L'HUILE ET AU BEURRE

Toutes les recettes sont pour quatre personnes. Ces sauces, servies avec des pâtes longues et rondes, une délicieuse salade et du pain croustillant, sont idéales pour un dîner improvisé. Elles s'accordent bien avec les pâtes farcies.

HUILE ET AIL

8 cuil. à soupe d'huile d'olive
2 gousses d'ail pelées et hachées menu
Sel et poivre du moulin
Parmesan fraîchement râpé

Dans une petite casserole, sur feu doux, faites tiédir l'huile d'olive, ajoutez l'ail et chauffez doucement pendant 30 secondes. Mélangez cette huile aillée aux pâtes chaudes, assaisonnez et saupoudrez de parmesan.

HUILE, AIL ET FINES HERBES

8 cuil. à soupe d'huile d'olive vierge extra
2 gousses d'ail pelées et hachées menu
1 cuil. à soupe de persil frais ciselé
1 cuil. à soupe de feuilles de basilic frais, déchirées en lanières
Sel et poivre du moulin
Parmesan fraîchement râpé

Dans une petite casserole, sur feu doux, faites tiédir l'huile, ajoutez l'ail et chauffez doucement pendant 30 secondes. Mélangez l'huile aillée et les herbes aux pâtes chaudes, en remuant bien. Assaisonnez et poudrez de parmesan.
• Vous pouvez remplacer le persil et le basilic par 2 cuillerées à soupe de ciboulette ou d'origan frais ciselés.

HUILE ET CORIANDRE

8 cuil. à soupe d'huile d'olive
2 cuil. à soupe de coriandre fraîche ciselée
1 gousse d'ail pelée et hachée menu
Sel et poivre du moulin
Parmesan fraîchement râpé

Dans une petite casserole, sur feu doux, faites tiédir l'huile, ajoutez l'ail et chauffez doucement pendant 30 secondes. Mélangez l'huile aillée et la coriandre aux pâtes chaudes, assaisonnez et poudrez de parmesan.

HUILE À LA TRUFFE

2 cuil. à soupe d'huile à la truffe
Sel et poivre du moulin
Parmesan fraîchement râpé

Dans une petite casserole à fond épais, faites tiédir l'huile, puis mélangez-la aux pâtes chaudes, assaisonnez et poudrez de parmesan.

HUILE, PIMENT FORT ET AIL

8 cuil. à soupe d'huile d'olive
1 gousse d'ail pelée et pilée
2 cuil. à café de chilis séchés et émiettés

Faites chauffer l'huile dans une petite casserole à fond épais, sur feu moyen, ajoutez l'ail et laissez-le blondir 30 secondes. Ôtez-le à l'écumoire et jetez-le. Parfumez l'huile avec le piment et mélangez aussitôt aux pâtes chaudes.

BEURRE FONDU AU PARMESAN

100 g de beurre
Poivre du moulin
3 cuil. à soupe de parmesan fraîchement râpé

Faites fondre le beurre sur feu doux dans une petite casserole et versez-le sur les pâtes chaudes. Agrémentez de parmesan et poivrez.

BEURRE FONDU À LA CIBOULETTE

100 g de beurre
15 g de ciboulette fraîche ciselée
Sel et poivre du moulin
Parmesan fraîchement râpé

Faites fondre le beurre dans une petite casserole sur feu doux. Ajoutez la ciboulette, remuez et mélangez aux pâtes chaudes. Assaisonnez et poudrez de parmesan.

BEURRE NOISETTE À L'AIL

100 g de beurre
3 à 4 gousses d'ail pelées et pilées
Poivre du moulin
100 g de parmesan fraîchement râpé

Dans une casserole à fond épais, chauffez le beurre jusqu'à ce qu'il commence à mousser. Ajoutez l'ail et, en remuant sans arrêt, laissez-le blondir 1 à 2 min. Mélangez aux pâtes chaudes, poivrez et incorporez le parmesan.

BEURRE ET GRAINES DE PAVOT GRILLÉES

100 g de beurre
2 1/2 cuil. à soupe de graines de pavot grillées (voir p. 17)
Sel et poivre du moulin
Parmesan fraîchement râpé

Faites fondre le beurre dans une petite casserole sur feu doux et mélangez-le aux pâtes chaudes. Ajoutez les graines de pavot et remuez. Assaisonnez et poudrez de parmesan.

Ci-contre *Huile, piment fort et ail*

SAUCES À LA CRÈME, AUX ŒUFS ET AU FROMAGE

Toutes les recettes sont pour quatre personnes.

SAUCE À LA CRÈME ET AUX OLIVES NOIRES

Cette sauce insolite en noir et blanc est tout indiquée pour une soirée pâtes. Servez-la avec des fettuccine et une salade verte.

3 cuil. à soupe d'olives noires dénoyautées	1 gousse d'ail pelée
2 brins de thym frais effeuillés	1 cuil. à soupe d'huile d'olive
1 cuil. à café d'herbes de Provence	40 g de beurre
4 petits cornichons	60 cl de crème fleurette ou de crème fraîche

Mettez olives, thym, herbes, cornichons, ail et huile dans le robot ménager et mixez-les en pommade. Faites fondre le beurre dans une casserole sur feu doux, ajoutez-y les ingrédients mixés et remuez. Incorporez la crème et laissez chauffer 5 min env., le temps que la sauce réduise légèrement. Mélangez aux pâtes chaudes et servez.

SAUCE CARBONARA

L'incontournable sauce aux œufs et aux petits lardons. À servir avec des spaghetti ou des bucatini, et une salade de tomates.

50 g de beurre ou 4 cuil. à soupe d'huile d'olive	4 jaunes d'œufs
100 g de pancetta ou de lard maigre fumé, découenné et taillé en lardons	1 cuil. à soupe de lait
	40 g de pecorino fraîchement râpé
	Sel et poivre du moulin
	Parmesan fraîchement râpé

Faites chauffer la matière grasse dans une poêle sur feu doux et mettez-y à dorer pendant 10 min la pancetta ou les lardons (ne les calcinez pas). Retirez-les avec une écumoire et placez-les dans un saladier chaud. Mettez-les jaunes, le lait et le pecorino dans un bol et fouettez-les légèrement avec une fourchette. Versez ce mélange dans le saladier, ajoutez les pâtes chaudes et remuez bien. Assaisonnez et poudrez de parmesan.

SAUCE AUX ŒUFS ET AUX HERBES

L'une des sauces les plus simples, mais ô combien raffinée. À servir avec des coquillages ou des fusilli.

2 cuil. à soupe de persil frais ciselé	1 cuil. à café de câpres
2 cuil. à soupe de basilic frais ciselé	6 jaunes d'œufs durs, froids et broyés au chinois
2 cuil. à soupe de cerfeuil frais ciselé	
2 cuil. à soupe de ciboulette fraîche ciselée	6 cuil. à soupe d'huile d'olive
	Sel et poivre du moulin

Mettez tous les ingrédients dans un grand bol, assaisonnez-les et mélangez-les aux pâtes chaudes.
• Cette sauce peut aussi agrémenter des pâtes froides.

SAUCE AUX CÈPES, AU XÉRÈS ET À LA CRÈME

Cette sauce divine est irrésistible. À servir avec des pappardelle ou des tagliatelle et une salade de roquette.

20 g de cèpes séchés	2 échalotes hachées menu
9 cl de xérès	35 cl de crème fraîche
9 cl de madère	Sel et poivre du moulin
40 g de beurre	1 1/2 cuil. à soupe de ciboulette
2 gousses d'ail pelées et pilées	fraîche ciselée

Mettez les cèpes à tremper 15 min dans le xérès et le madère. Égouttez-les, en laissant les impuretés au fond du récipient et réservez le liquide.
Faites fondre le beurre dans une poêle placée sur feu moyen et mettez-y à revenir l'ail et les échalotes pendant 3 min. Ajoutez les cèpes et laissez cuire 1 min. Sur feu plus vif, ajoutez la crème et le liquide réservé, et laissez cuire 5 min ou jusqu'à ce que la sauce soit bien onctueuse.
Salez et poivrez. Mélangez aux pâtes chaudes et parsemez de ciboulette.

SAUCE AUX BROCOLIS, AU ROQUEFORT ET AUX AMANDES GRILLÉES

Les formes, les couleurs et les textures des ingrédients qui composent cette sauce sublime se complètent agréablement. À servir avec de grosses pâtes comme les penne rigate.

225 g de petits bouquets de brocolis	Sel et poivre du moulin
1 cuil. à soupe d'huile d'olive	100 g de cambozola ou de roquefort émietté
1 petit oignon haché menu	
15 cl de vin blanc sec	2 cuil. à soupe d'amandes effilées et grillées (voir p. 17)
4 cuil. à soupe de crème fraîche	

Faites cuire les brocolis 3 à 4 min à l'eau bouillante salée. Égouttez-les et réservez-les dans un saladier préchauffé. Dans une poêle avec l'huile chaude, faites revenir l'oignon 3 min ã feu doux. Ajoutez le vin et la crème, chauffez sans laisser bouillir, le temps que la sauce se lie, salez et poivrez. Incorporez-y le fromage.
Mélangez les brocolis aux pâtes chaudes, agrémentez-les de sauce et remuez le tout délicatement. Parsemez d'amandes et servez.

Ci-contre *Sauce carbonara*

SAUCE AU VIN ROUGE, AU STILTON ET AUX NOIX

Servez cette sauce riche et veloutée avec des pappardelle et une salade de trévise et de céleri.

35 cl de crème fraîche	*Sel et poivre du moulin*
9 cl de vin rouge ou de porto	*150 g de cerneaux de noix grillés*
350 g de stilton émietté (ou,	*(voir p. 17) et broyés*
à défaut, du bleu d'Auvergne)	*5 cuil. à soupe de persil ciselé*

Mettez la crème dans une casserole et chauffez-la jusqu'au seuil de l'ébullition. Versez le vin ou le porto, baissez la flamme et laissez frémir 5 min. Ajoutez le stilton et laissez 3 min encore, ou jusqu'à ce que le fromage soit fondu et que la sauce ait épaissi. Salez, poivrez et mélangez aux pâtes chaudes. Parsemez de noix et de persil.

SAUCE AU PIMENT FORT, À LA TOMATE ET À LA MOZZARELLE

À servir avec des fusilli et du pain *ciabatta* chaud (pain long de Lombardie).

3 cuil. à soupe d'huile d'olive	*(voir p. 17), épépinées et concassées*
4 gousses d'ail pelées et pilées	*sel et poivre du moulin*
1 piment fort frais épépiné et haché	*100 g de mozzarelle, détaillée en*
450 g de tomates mûres pelées	*cubes de 1 cm*

Chauffez l'huile dans une poêle à fond épais et, sur feu modéré, faites revenir 1 min l'ail et le piment (veillez à ne pas calciner l'ail). Sur feu plus vif, ajoutez les tomates, assaisonnez-les et laissez-les cuire 4 min, en remuant de temps en temps. Mélangez la sauce et la mozzarelle aux pâtes chaudes et servez aussitôt.

SAUCE À LA RICOTTA ET AUX TOMATES

À servir avec des linguine ou des spaghetti, et une salade de roquette agrémentée de copeaux de pecorino.

5 cuil. à soupe d'huile d'olive	*4 tomates mûres pelées (voir p. 17),*
4 ciboules hachées (ou 5 cuil.	*épépinées et concassées*
à soupe de ciboulette ciselée)	*6 cuil. à soupe de feuilles de basilic*
225 g de ricotta fragmentée	*frais, taillées en lanières*
3 cuil. à soupe de parmesan râpé	*Sel et poivre du moulin*

Sur feu doux, faites chauffer l'huile dans une casserole. Mettez-y les ciboules, ou la ciboulette, la ricotta et le parmesan. Remuez bien. Laissez cuire 1 min, puis ajoutez les tomates, le basilic, du sel et du poivre. Dès que la sauce est tiède, ôtez-la du feu et mélangez-la aussitôt aux pâtes chaudes. Parsemez de parmesan.

SAUCE AU BEURRE FONDU ET À LA RICOTTA

Légère et mousseuse, elle est excellente avec les tagliatelle accompagnées d'une salade verte.

100 g de beurre	*Sel*
550 g de ricotta fragmentée	*Baies roses moulues*

Faites fondre le beurre dans une petite casserole et versez-le sur les pâtes chaudes. Parsemez de morceaux de ricotta, salez et mélangez bien. Agrémentez de baies roses moulues.

SAUCE AU GORGONZOLA ET AUX NOIX

Cette sauce crémeuse croque agréablement sous la dent. À servir avec une salade d'endive et du pain *ciabatta*.

10 cl de crème fraîche	*Sel et poivre du moulin*
175 g de gorgonzola	*1 cuil. à soupe de feuilles basilic*
50 g de cerneaux de noix	*frais, coupées en lanières*

Dans une casserole à fond épais placée sur feu moyen, faites chauffer la crème et le fromage, en remuant constamment. Dès qu'ils sont crémeux et homogènes, ajoutez les noix et remuez bien. Salez et poivrez. Retirez du feu, ajoutez le basilic et mélangez aux pâtes chaudes.
• Vous pouvez remplacer les noix par des noisettes broyées.

SAUCE AUX NOIX ET AU MASCARPONE

À servir avec des penne et une salade d'épinards aux lardons.

50 g de beurre	*250 g de mascarpone*
1 gousse d'ail pelée et pilée	*60 g de parmesan râpé*
200 g de cerneaux de noix	*Sel et poivre du moulin*

Sur feu doux, dans une casserole avec le beurre fondu, faites blondir l'ail 30 secondes. Ajoutez les noix et remuez les ingrédients pendant 3 à 4 min. Ajoutez le mascarpone et continuez à remuer jusqu'à ce qu'il soit fondu. Incorporez le parmesan, assaisonnez et mélangez aux pâtes chaudes.

SAUCE AUX ŒUFS ET AUX CÂPRES

Il suffit de puiser dans les provisions courantes pour la préparer. À servir avec des spaghettini ou des tagliolini.

25 g de beurre ramolli	*1 cuil. à soupe de câpres rincées*
3 œufs légèrement battus	*1 cuil. à soupe de persil frais ciselé*
100 g de pecorino râpé	*Sel et poivre du moulin*

Mettez tous les ingrédients dans un grand bol et mélangez-les bien. Assaisonnez-les et agrémentez-en les pâtes chaudes.

Ci-contre   *Sauce aux brocolis, au roquefort et aux amandes grillées (p. 24)*

Sauce à la crème citronnée

La saveur acidulée du citron est tout à fait bienvenue dans cette sauce fine et onctueuse. À servir avec des lasagnes festonnées et une salade de trévise.

25 g de beurre
25 cl de crème fraîche
2 cuil. à soupe de zeste de citron râpé
2 cuil. à soupe de parmesan râpé

1 cuil. à soupe de pignons grillés (voir p. 17)
Sel et poivre du moulin

Mettez le beurre, la crème et le zeste dans une petite casserole, faites chauffer jusqu'au seuil de l'ébullition et réglez sur feu moyen. Incorporez le parmesan et parsemez de pignons. Salez, poivrez et mélangez aux pâtes chaudes.

Sauce à la ricotta et aux herbes fraîches

Avec son bouquet d'herbes fraîches mélangées à de la ricotta, cette sauce est tout indiquée pour un dîner léger. À servir avec des coquillages et une salade d'épinards.

450 g de ricotta
2 cuil. à soupe de parmesan râpé
2 cuil. à soupe de persil plat frais, ciselé
2 cuil. à soupe d'origan frais

2 cuil. à soupe de basilic frais, ciselé
2 cuil. à soupe de ciboulette fraîche, ciselée
Sel et poivre du moulin

Mélangez tous les ingrédients dans un grand bol, assaisonnez et mélangez aux pâtes chaudes.
• Cette sauce peut aussi accompagner des pâtes froides.

Sauce crémée aux tomates séchées

Cette sauce simple, à la saveur ensoleillée, peut se servir avec des penne ou des rigatoni, et une salade composée de chicorée frisée, d'endives et de basilic frais.

25 cl de crème fraîche
5 cuil. à soupe de concentré de tomates ou de ketchup non épicé
Poivre du moulin

6 tomates séchées, reconstituées dans de l'eau tiède ou égouttées si elles sont à l'huile, puis détaillées en lanières

Mélangez ensemble la crème et le concentré (ou le ketchup). Ajoutez les lanières de tomates, assaisonnez et mélangez aux pâtes chaudes.
• Cette sauce accompagne aussi les pâtes froides et peut se servir seule, comme un plat à part entière.

Sauce à la tomate et au chèvre frais

Cette sauce aux senteurs estivales est parfaite avec des tagliatelle escortées d'une salade de tomates, garnie d'oignons et d'olives noires juteuses.

700 g de tomates mûres pelées (voir p. 17), épépinées et concassées
4 cuil. à soupe de basilic frais grossièrement haché

150 g de chèvre frais fragmenté
6 cuil. à soupe d'huile d'olive
Sel et poivre du moulin

Mélangez tous les ingrédients dans un saladier, assaisonnez et agrémentez-en des pâtes chaudes.
• Vous pouvez aussi utiliser du chèvre frais aux fines herbes.
• Cette sauce peut aussi se servir comme un plat à part entière.

Sauce aux trois fromages

L'enfance de l'art ! À servir avec des tagliatelle ou des fettucini vertes et une salade de trévise.

20 g de beurre
50 g de gorgonzola ou de dolcelatte, coupé en petits cubes
100 g de mascarpone
75 g de parmesan râpé

1 pointe de couteau de muscade râpée
10 belles feuilles de basilic frais, détaillées en lanières

Faites fondre le beurre dans une casserole à fond épais placée sur feu moyen. Ajoutez-y les fromages et remuez pour bien les mélanger. Agrémentez-en les pâtes chaudes. Parsemez de muscade et de basilic.
• Ajoutez une cuillerée à soupe d'amandes effilées grillées ou de noix broyées, pour obtenir une texture croquante.

Ci-contre *Sauce aux trois fromages*

SAUCES AUX LÉGUMES

Toutes les recettes sont pour quatre personnes.

SAUCE EXPRESS AUX TOMATES SÉCHÉES ET À LA CRÈME

Elle est simple mais très parfumée. À servir avec des penne et une salade verte.

1 cuil. à soupe d'huile d'olive
1 gousse d'ail pelée et pilée
400 g de tomates au naturel, égouttées et concassées
1 cuil. à café de concentré de tomates
12 cl de crème fraîche

1 cuil. à soupe de tomates séchées, reconstituées dans de l'eau tiède, ou égouttées de leur huile, puis hachées menu
1 cuil. à café de persil plat ciselé
Sel et poivre du moulin

Dans une poêle avec l'huile chaude, faites blondir l'ail 30 secondes. Ajoutez les tomates, augmentez la flamme et laissez cuire 5 min. Sur feu moins vif, incorporez le concentré de tomates. Ajoutez la crème et les tomates séchées. Laissez frémir 3 min. Mettez le persil, assaisonnez et mélangez aux pâtes chaudes.

SAUCE PIMENTÉE AUX OLIVES NOIRES

Le fait de laisser mariner les olives une nuit accentue leur saveur déjà typée. À servir avec des linguine et une salade de tomates.
• N'oubliez pas de mettre les olives à mariner la veille.

5 cuil. à soupe d'huile d'olive
185 g d'olives noires dénoyautées et hachées
1/2 cuil. à café de piments oiseaux séchés émiettés

2 gousses d'ail pelées et hachées menu
1 cuil. à soupe de persil frais ciselé
Sel et poivre du moulin

Dans un saladier, mettez 2 cuillerées à soupe d'huile avec les olives, les piments et l'ail. Laissez mariner une nuit. Le lendemain, faites chauffer le reste d'huile dans une casserole, ajoutez les ingrédients de la marinade, le persil et du sel. Laissez cuire doucement 5 min. Assaisonnez et mélangez aux pâtes chaudes.
• Cette sauce accompagne aussi les pâtes froides.

SAUCE AUX GIROLLES

Très parfumée et pauvre en calories ! À servir avec des cheveux d'ange et une salade de cresson.

4 cuil. à soupe d'huile de graines de sésame
1 poireau taillé en fines lanières dans la longueur
12 oignons nouveaux, la partie verte seulement hachée
1 gousse d'ail pelée et pilée
2 cuil. à soupe de sauce soja
12 cl de jus d'orange fraîchement pressé

1 lanière de zeste de citron d'1 cm
1/2 cuil. à café de sucre
1 cuil. à café de vinaigre de xérès
1 pincée de quatre-épices
125 g de girolles lavées et précuites
Pour finir
Sel et poivre du moulin
2 cuil. à soupe de graines de sésame grillées (voir p. 17)

Chauffez 2 cuillerées à soupe d'huile dans une poêle et mettez-y le poireau à revenir, en remuant sans arrêt, jusqu'à ce qu'il soit bien doré et croquant. Avec une écumoire, transférez-le sur du papier absorbant et réservez-le.
Chauffez le reste d'huile dans une grande poêle et faites-y revenir doucement 1 à 2 min les oignons et l'ail. Ajoutez la sauce soja, le jus d'orange, le zeste, le sucre et le vinaigre, et portez à ébullition. Laissez cuire 2 à 3 min, ajoutez le quatre-épices et les girolles, et mélangez bien sur feu moyen pendant 1 min.
Agrémentez-en des pâtes chaudes, assaisonnez et parsemez de graines de sésame. Servez les poireaux croquants à part.
• Cette sauce accompagne aussi les pâtes froides.

SAUCE FORESTIÈRE

Les cèpes séchés ont un merveilleux arôme boisé, très fin, et méritent à juste titre leur place dans la gastronomie. Servir cette sauce avec des tagliatelle, une salade verte et des galettes plates et croquantes *(focaccia)*.

25 g de cèpes séchés
15 cl de vin blanc sec
100 g de beurre
1 oignon haché
1 gousse d'ail pelée et pilée
1 cuil. à soupe de persil frais ciselé
1 cuil. à soupe de feuilles de basilic frais, taillées en lanières
1 cuil. à café de concentré de tomates

450 g de champignons frais mélangés (champignons de Paris, girolles et pleurotes), grossièrement hachés, sauf les girolles
Sel et poivre du moulin
1 cuil. à soupe de farine
12 cl de bouillon de viande en cubes
1 cuil. à café de moutarde
Parmesan râpé

Faites tremper les cèpes 30 min dans un bol d'eau chaude. Égouttez-les et réservez 12 cl de leur eau de trempage. Dans une petite casserole, chauffez le vin, laissez-le frémir pendant 4 min et réservez-le.
Faites fondre la moitié du beurre dans une sauteuse et faites-y blondir l'oignon à feu doux. Ajoutez l'ail et les herbes, laissez-les cuire 1 min, puis incorporez le concentré, et poursuivez la cuisson 30 secondes. Ajoutez les cèpes, faites-les sauter 5 min, puis les autres champignons, que vous cuirez 5 min à feu doux, en remuant souvent. Assaisonnez, baissez un peu la flamme et continuez la cuisson 5 min encore.
Dans l'intervalle, faites fondre le beurre qui reste dans une casserole et incorporez-y la farine. Ôtez le roux du feu et versez délicatement le bouillon et l'eau de trempage des cèpes, tout en remuant. Allongez avec le vin. Laissez cuire 10 min, sans cesser de remuer. Incorporez la moutarde. Nappez-en les champignons et mélangez bien. Agrémentez-en les pâtes chaudes, assaisonnez et poudrez de parmesan.

SAUCE PLEIN SOLEIL

Voilà une sauce peu calorique gorgée de produits naturels. À servir avec des papillons ou des spaghetti et une salade verte.

1 kg de tomates mûres pelées (voir p. 17), épépinées et concassées
6 cuil. à soupe d'huile d'olive
1/2 cuil. à soupe d'origan frais ciselé
2 cuil. à soupe de basilic frais ciselé
2 cuil. à soupe de persil frais ciselé

2 cuil. à soupe d'olives noires dénoyautées et hachées
2 gousses d'ail pelées et hachées menu
Sel et poivre du moulin
1/2 cuil. à café de sucre

Mélangez tous les ingrédients dans un saladier. Laissez la sauce reposer à température ambiante pendant 2 bonnes heures. Salez, poivrez et agrémentez-en les pâtes chaudes.

Sauce épicée aux herbes

Cette délicieuse sauce épicée fleure bon la cuisine orientale. À servir avec des penne ou des macaroni, et une salade.

4 cuil. à soupe d'huile d'olive	1/2 cuil. à café de cannelle
2 gousses d'ail pelées et hachées	en poudre
1 oignon haché menu	Sel et poivre du moulin
2 cuil. à soupe de persil frais ciselé	1 cuil. à soupe de coriandre
2 cuil. à soupe de menthe	fraîche ciselée
fraîche ciselée	1 à 2 cuil. à soupe de pignons grillés
1 cuil. à soupe de jus de citron	(voir p. 17)

Chauffez l'huile dans une poêle et faites-y blondir l'ail et l'oignon pendant 5 min. Ajoutez les herbes, la cannelle et le jus de citron. Mélangez bien. Assaisonnez, agrémentez-en des pâtes chaudes et parsemez de coriandre et de pignons.
• Cette sauce accompagne aussi les pâtes froides.

Sauce aux oignons rouges et aux olives noires

Très colorée, elle a une saveur subtilement aigre-douce. À servir avec des fettuccine, des linguine ou des spaghetti.

4 cuil. à soupe d'huile d'olive	2 cuil. à soupe d'olives noires
2 oignons rouges émincés	dénoyautées et coupées en deux
1 cuil. à café de sucre	Sel et poivre du moulin
3 cuil. à soupe de vinaigre	15 g de beurre
balsamique	1 cuil. à soupe de persil frais ciselé

Chauffez l'huile dans une poêle et mettez-y les oignons afin de les enrober de matière grasse. Ajoutez le sucre et laissez fondre les oignons 5 min. Ajoutez le vinaigre et les olives, assaisonnez et laissez cuire 2 min encore.
Ôtez du feu et incorporez le beurre. Ajoutez le persil, rectifiez l'assaisonnement et mélangez aux pâtes chaudes.
• Cette sauce accompagne aussi les pâtes froides.

Sauce aux tomates et à la roquette

Mélange estival classique d'ingrédients frais. À servir avec des pâtes tubulaires comme des rigatoni ou des penne.

6 cuil. à soupe d'huile d'olive	grossièrement ciselé
450 g de tomates mûres pelées (voir	4 gousses d'ail hachées menu
p. 17), épépinées et concassées	1/2 cuil. à café de sucre semoule
40 g de roquette	1/2 cuil. à café de vinaigre de vin
grossièrement ciselée	Sel et poivre du moulin
1 cuil. à soupe de basilic frais	

Mélangez tous les ingrédients dans un grand saladier et laissez-les reposer 2 à 3 h à température ambiante. Agrémentez-en des pâtes chaudes et servez.
• Cette sauce accompagne aussi les pâtes froides.

Sauce à la pancetta et aux petits pois

Légère et rafraîchissante, elle permet à chaque saveur de ressortir individuellement. À servir avec des fusilli ou des spaghetti.

1 cuil. à soupe d'huile d'olive	35 cl de crème fraîche
1 tranche épaisse de pancetta (ou	15 g de feuilles de basilic frais,
de lard maigre) taillé(e) en dés	taillées en lanières
1 oignon haché menu	Sel et poivre du moulin
1 gousse d'ail pelée et pilée	Parmesan râpé
350 g de petits pois surgelés	

Chauffez l'huile dans une poêle et faites-y revenir 1 min la pancetta ou le lard. Ajoutez l'oignon et l'ail et laissez-les s'attendrir 3 à 4 min.
Dans l'intervalle, faites cuire les petits pois à l'eau bouillante salée, égouttez-les et transférez-les dans la poêle. Ajoutez la crème et laissez frémir 5 min.
Mettez le basilic et assaisonnez. Mélangez aux pâtes chaudes et poudrez de parmesan.

Sauce aux brocolis et à la chapelure

Mélange appétissant d'ingrédients coiffés d'une garniture croquante. Excellente avec des coquillages ou des torsades.

450 g de petits bouquets de brocolis	50 g de parmesan râpé (en prévoir
4 cuil. à soupe d'huile d'olive	pour servir)
3 gousses d'ail pelées et pilées	Sel et poivre du moulin
100 g de chapelure	2 cuil. à soupe de pignons grillés
1 cuil. à soupe de jus de citron	(voir p. 17)

Faites cuire les brocolis à la vapeur pendant 3 à 4 min, ou jusqu'à ce qu'ils soient tendres. Réservez-les au chaud.
Chauffez l'huile dans une poêle et faites-y revenir l'ail 30 secondes. Ajoutez la chapelure et le parmesan, et, en remuant constamment, laissez-les dorer 2 à 3 min, jusqu'à ce que le mélange soit croustillant.
Citronnez les brocolis, puis coiffez-les avec le mélange à la chapelure. Assaisonnez, poudrez de parmesan et parsemez de pignons. Mélangez aux pâtes chaudes et servez.

Ci-contre *Sauce aux légumes cuits au four (p. 39)*

Sauce aux poireaux et au jambon

Le jambon cru s'accorde bien avec des ingrédients plus discrets comme les poireaux et la crème.
À servir avec des spaghetti ou des linguine.

250 g de beurre doux
5 poireaux de moyenne grosseur, taillés en rondelles de 5 min
4 échalotes émincées
4 gousses d'ail pelées et pilées
30 cl de crème fraîche

17 cl de bouillon de volaille en cubes
40 g de jambon taillé en lamelles
Sel et poivre du moulin
2 cuil. à soupe de persil frais ciselé

Faites fondre le beurre dans une casserole et mettez-y à revenir 5 min poireaux, échalotes et ail, jusqu'à ce qu'ils soient tendres. Ajoutez la crème, le bouillon et le jambon. Portez jusqu'au seuil de l'ébullition, puis sur feu moins vif, laissez frémir 20 min. Assaisonnez, ajoutez le persil et mélangez aux pâtes chaudes.

Sauce aux fèves et au jambon

Voilà une sauce colorée et consistante. À servir avec des penne ou des spaghetti.

2 cuil. à soupe d'huile d'olive
4 tranches de lard maigre découennées et taillées en lardons
1 oignon haché
2 gousses d'ail pelées et pilées
2 branches de céleri hachées

450 g de jeunes fèves fraîches ou surgelées
100 g de jambon taillé en lanières
3 cuil. à soupe de persil frais ciselé
Sel et poivre du moulin

Chauffez l'huile dans une poêle et faites-y revenir les lardons, l'oignon, l'ail et le céleri pendant 10 à 12 min. Par ailleurs, faites cuire les fèves 5 min à l'eau bouillante salée, ou jusqu'à ce qu'elles soient tendres. Égouttez-les et transférez-les dans la poêle. Ajoutez le jambon et le persil. Assaisonnez et mélangez aux pâtes chaudes.

Salade de pâtes et sauce printanière

Une note délicieusement acidulée pour une appétissante salade. Le mets idéal pour une chaude journée d'été.

100 g de fusilli (torsades)
1 cuil. à soupe d'huile d'olive
75 g de pointes d'asperges
50 g de petits pois frais écossés (ou surgelés)
1 tête de brocolis séparée en bouquets

30 cl de crème fraîche
2 cuil. à soupe de crème de raifort
1 cuil. à soupe de jus de citron
Sel et poivre du moulin
2 cuil. à soupe bombées de ciboulette ciselée

Faites cuire les pâtes, égouttez-les et mettez-les dans un grand saladier. Assaisonnez-les avec l'huile d'olive et réservez-les.
Faites cuire les légumes 4 min à la vapeur, puis rafraîchissez les sous l'eau froide pour en préserver la couleur. Dans un bol, mélangez la crème, le raifort et le jus de citron. Versez sur les pâtes, assaisonnez et remuez. Incorporez délicatement les légumes. Ajoutez la ciboulette.
• Remplacez les petits pois par des fèves fraîches.
• Pour colorer, ajoutez une poignée d'olives noires dénoyautées.
• Un peu de menthe fraîche hachée est également délicieuse.
• Cette sauce est meilleure à température ambiante – ne la mettez pas au réfrigérateur.

Sauce au fenouil et à la pancetta

Les saveurs marquées du fenouil et de la pancetta (poitrine de porc roulée) se complètent merveilleusement. À servir avec des gros coudes ou de gros penne.

1 cuil. à soupe d'huile d'olive
2 bulbes de fenouil (sans les feuilles extérieures), émincés
2 1/2 cuil. à soupe de pancetta hachée
1 kg de tomates mûres pelées (voir p. 17), épépinées et concassées

1 oignon émincé
15 g de feuilles de basilic frais taillées en lanières
1 cuil. à soupe de jus de citron
Sel et poivre du moulin
Quelques brins de basilic pour décorer

Chauffez l'huile dans une sauteuse et faites-y revenir 6 min le fenouil, l'oignon et la pancetta. Ajoutez les tomates et le basilic. Laissez-les s'attendrir 3 à 4 min. Citronnez, assaisonnez et ajoutez le basilic. Mélangez aux pâtes chaudes.

Ci-contre *Sauce aux oignons rouges et aux olives noires (p. 34)*

Sauce à l'aubergine

Rafraîchissante, pleine de caractère et délicatement parfumée. À servir avec des pappardelle ou des tagliatelle larges.
• Comptez 1h de préparation pour l'aubergine, avant de commencer à cuire la sauce.

1 grosse aubergine épluchée
et émincée
Sel
4 cuil. à soupe d'huile d'olive
2 gousses d'ail pelées et pilées
2 cuil. à soupe de concentré
de tomates
5 tomates pelées (voir p. 17),
épépinées et concassées
3 tomates séchées, reconstituées dans
de l'eau chaude ou égouttées de leur

huile, puis coupées en lamelles
1 cuil. à soupe de jus de citron
2 cuil. à soupe de pignons grillés
(voir p. 17)
2 cuil. à soupe de graines de
tournesol grillées (voir p. 17)
1 cuil. à café de piments oiseaux
émiettés
Sel et poivre du moulin
4 cuil. à soupe de coriandre
fraîche ciselée

Salez les tranches d'aubergine et laissez-les dégorger 1 h. Séchez-les et coupez-les en dés. Dans une poêle avec l'huile d'olive chaude, faites revenir l'ail 30 secondes. Ajoutez le concentré et l'aubergine. Laissez cuire doucement 1 min – elle doit être tendre mais pas écrasée. Ajoutez les tomates, le jus de citron, les pignons, les graines et les piments. Mélangez bien. Assaisonnez et laissez cuire 5 min. Parsemez de coriandre avant de mélanger aux pâtes chaudes.
• Cette sauce accompagne aussi les pâtes froides.

Ci-dessus   *Sauce aux courgettes aillées et à la chapelure*

Sauce aux épinards

Essayez cette sauce légère et onctueuse avec des lasagnes festonnées ou des pappardelle.

25 g d'épinards lavés et équeutés
25 g de beurre
1 gousse d'ail pelée et pilée
40 g de farine

25 cl de lait
1 grosse pincée de muscade râpée
2 cuil. à soupe de parmesan râpé
Sel et poivre du moulin

Faites cuire les épinards 4 à 5 min et exprimez-en l'excès d'eau. Réservez 2 cuillerées à soupe du liquide.
Dans une petite casserole avec le beurre fondu, faites revenir l'ail 30 secondes. Incorporez-y la farine, en remuant, puis versez le lait peu à peu, sans cesser de remuer. Portez à ébullition et laissez frémir 2 à 3 min, en tournant de temps en temps. Ajoutez la muscade, les épinards, le liquide réservé et le parmesan. Transférez la préparation dans un robot ménager et mixez 30 secondes. Assaisonnez et agrémentez-en les pâtes chaudes.

Sauce aux courgettes aillées et à la chapelure

Cette sauce exquise sent délicieusement bon. À servir avec des papillons ou des fusilli.

5 cuil. à soupe d'huile d'olive
3 gousses d'ail pelées et hachées
450 g de courgettes coupées en dés

Sel et poivre du moulin
5 cuil. à soupe de chapelure
2 cuil. à soupe de parmesan râpé

Chauffez 3 cuillerées à soupe d'huile dans une poêle, mettez-y 2 gousses d'ail avec les courgettes et assaisonnez. Remuez jusqu'à ce que les courgettes commencent à s'attendrir au bord. Transférez sur du papier absorbant. Mettez l'huile qui reste dans la poêle et faites-y dorer doucement la chapelure et la dernière gousse d'ail, environ 1 min. Remettez les courgettes et poêlez le tout 1 min, en remuant. Assaisonnez, mélangez aux pâtes chaudes et poudrez de parmesan.

SAUCE AUX LÉGUMES CUITS AU FOUR

Sauce consistante, garnie de mozzarelle fondue. À servir avec des penne, des gnocchetti rigati ou des coquillages, et une salade verte.

Préchauffez le four à 230 °C, thermostat 8.

2 courgettes coupées en cubes
450 g de grosses tomates mûres coupées en deux ou en quartiers
1 poivron rouge et 1 poivron jaune grossièrement émincés
2 petites aubergines émincées
3 gousses d'ail pelées et hachées

15 g de feuilles de basilic frais grossièrement ciselées
Sel et poivre du moulin
3 cuil. 1/2 à soupe d'huile d'olive
100 g de mozzarelle en lamelles
5 feuilles de basilic frais coupées en lanières

Étalez les légumes dans un plat à rôtir avec l'ail et le basilic ciselé ; salez et poivrez. Arrosez-les d'huile et remuez-les. Enfournez 30 min. Sortez le plat du four et parsemez de mozzarelle et de basilic. Mélangez les légumes aux pâtes chaudes, assaisonnez et servez.
• Cette sauce accompagne aussi les pâtes froides.

SAUCE PUTTANESCA

Originaire de Naples, cette sauce relevée peut accompagner des spaghetti, des bucatini ou des penne rigate.

2 cuil. à soupe d'huile d'olive
2 gousses d'ail pelées et hachées
10 belles feuilles de basilic frais hachées
1 piment fort rouge frais, épépiné et haché menu
175 g d'olives noires dénoyautées, grossièrement hachées

50 g d'anchois égouttés
2 cuil. à soupe de sauce tomate
1 cuil. à soupe de câpres rincées et égouttées
450 g de tomates mûres pelées (voir p. 17), épépinées et concassées
Sel et poivre du moulin
Parmesan râpé

Chauffez l'huile dans une poêle et faites-y revenir l'ail, le basilic et le piment 1 min – attention de ne pas calciner l'ail. Ajoutez les autres ingrédients, assaisonnez et laissez mijoter 45 min, en remuant de temps en temps. Mélangez aux pâtes chaudes et poudrez de parmesan.

BEURRE FONDU AU POIVRON JAUNE

Onctueuse et raffinée, cette sauce est aussi délicatement aromatique. Délicieuse avec des fettuccine et une salade de roquette.

8 poivrons jaunes pelés (voir p. 17)
250 g de beurre demi-sel fractionné
Sel et poivre du moulin

1 cuil. à soupe de feuilles de basilic frais taillées en lanières

Mixez les poivrons et le beurre dans un robot ménager. Transférez la préparation obtenue dans une casserole et chauffez 3 à 4 min sur feu doux. Assaisonnez, agrémentez-en les pâtes chaudes et parsemez de basilic.

SAUCE AUX FLAGEOLETS ET AU JAMBON

À servir avec des spaghetti ou des bucatini.
• Faites tremper les flageolets la veille dans de l'eau.

150 g de flageolets
4 cuil. à soupe d'huile d'olive
100 g de jambon coupé en lanières
2 gousses d'ail pelées et hachées
1 cuil. à soupe de persil frais ciselé
1 cuil. à soupe de sauge ciselée

1 cuil. à soupe de romarin
1 cuil. à café de piments oiseaux émiettés
2 cuil. à soupe de vin blanc sec
75 g de pecorino râpé
Sel et poivre du moulin

Égouttez les flageolets et faites-les cuire 1 h à l'eau bouillante salée. Égouttez-les et réservez-les. Chauffez l'huile dans une sauteuse et faites-y revenir 5 min le jambon, l'ail, les herbes et le piment. Ajoutez les haricots et le vin. Laissez cuire 6 à 7 min, en remuant de temps en temps. Si le mélange est trop sec, allongez-le de vin ou d'eau. Mettez le fromage, assaisonnez et agrémentez-en les pâtes chaudes.

SAUCE À LA ROQUETTE ET AU PARMESAN

La saveur unique de la roquette s'accentue à la cuisson. À servir avec des linguine ou des spaghetti.

2 cuil. à soupe d'huile d'olive vierge   *Sel et poivre du moulin*
1 gousse d'ail pelée et pilée   *25 g de parmesan prélevé*
100 g de feuilles de roquette   *en copeaux*

Chauffez l'huile dans une poêle sur feu doux et faites-y blondir l'ail 30 secondes. Retirez-le avec une écumoire et jetez-le. Mettez la roquette dans l'huile parfumée et remuez-la pour bien l'enrober. Laissez-la suer 1 min.
Mélangez aux pâtes chaudes, assaisonnez et garnissez de parmesan.

SAUCE À LA BETTERAVE

Une sauce très colorée qui est du plus bel effet avec des pâtes à la betterave.

5 betteraves rouges de moyenne   *Le jus de 1/2 citron*
grosseur, cuites, épluchées et   **Pour finir**
détaillées en dés   *Sel et poivre du moulin*
6 cuil. à soupe d'huile d'olive vierge   *50 g de parmesan prélevé*
2 cuil. à soupe bombées de feuilles   *en copeaux*
de basilic frais ciselées

Mélangez tous les ingrédients aux pâtes chaudes ou froides, assaisonnez et décorez de copeaux de parmesan.

SAUCE TOMATE

L'incontournable classique ! Rien ne vaut une bonne sauce tomate bien parfumée. À servir avec toutes sortes de pâtes, et une salade verte.

1 cuil. à soupe d'huile d'olive   *1 cuil. à soupe de persil frais ciselé*
1 à 2 gousses d'ail pelées et pilées   *1 cuil. à soupe de basilic frais ciselé*
450 g de tomates mûres pelées (voir   *Sel et poivre du moulin*
p. 17), épépinées et concassées   *1 cuil. à café de concentré*
(ou 800 g de tomates au naturel   *de tomates*
égouttées et concassées)   *2 cuil. à soupe de vin rouge*
1 cuil. à café de sucre   *Parmesan râpé*

Chauffez l'huile dans une casserole et faites-y revenir l'ail 30 secondes. Ajoutez les tomates, le sucre et les herbes ; assaisonnez. Laissez mijoter 10 min. Mettez le concentré et le vin. Laissez cuire 15 min encore, jusqu'à ce que la sauce épaississe et que son acidité s'estompe – goûtez-la.
Assaisonnez, mélangez-la aux pâtes chaudes et poudrez de parmesan.
• Cette recette permet de préparer 90 cl de sauce environ.
• Cette sauce accompagne aussi les pâtes froides.

SAUCES AU POISSON ET AUX FRUITS DE MER

Toutes les recettes sont pour quatre personnes.

SAUCE CITRONNÉE THON ET CÂPRES

Se prépare à la dernière minute pour le dîner. À servir avec des papillons et une salade de tomates garnie d'olives.

12 cl de crème fraîche
2 cuil. à soupe de jus de citron
1 gousse d'ail pelée et pilée
200 g de thon au naturel égoutté
2 1/2 cuil. à soupe de persil plat frais, ciselé

2 cuil. à café de câpres égouttées et rincées
1 pincée de poivre de Cayenne
Poivre du moulin
1 citron coupé en quartiers

Au robot ménager, mixez 30 secondes la crème, le jus de citron et l'ail. Transférez la préparation dans un grand bol, avec le thon, 2 cuillerées à soupe de persil et les câpres. Amalgamez bien le tout. Assaisonnez de Cayenne et de poivre. Mélangez aux pâtes chaudes, répartissez le persil qui reste et décorez de citron.

SAUCE AUX ŒUFS DE SAUMON

Pour ceux qui dépensent sans compter ! Cette sauce raffinée se sert avec des linguine ou des fettuccine fraîches.

3 cuil. à soupe de crème fraîche
15 g de ciboulette fraîche ciselée

Poivre du moulin
100 g d'œufs de saumon

Dans une casserole à fond épais, faites chauffer la crème et la ciboulette sur feu doux. Ôtez du feu et poivrez. Mélangez aux pâtes chaudes et garnissez chaque portion d'une cuillerée à soupe d'œufs de saumon.
• Cette sauce accompagne aussi des fusilli ou des farfalle (torsettes ou papillons) froids.

SAUCE SAUMON FUMÉ ET WHISKY

Idéale pour un dîner improvisé à la dernière minute. À servir avec des farfalle, et une salade de roquette.

75 g de beurre
250 g de saumon fumé coupé en lamelles

6 cuil. à soupe de crème fraîche
1 à 2 cuil. à café de whisky
Poivre du moulin

Dans une casserole, faites fondre le beurre sur feu doux et ajoutez le saumon. Remuez un bref instant. Presque aussitôt, versez le whisky et ajoutez la crème. Poivrez et mélangez aux pâtes chaudes.

SAUCE AU FROMAGE FRAIS ET AUX CREVETTES

Haute en saveur, elle est délicieuse pour un dîner d'amis. À servir avec des farfalle ou des fusilli, et une salade de tomates et d'épinards.

3 cuil. à soupe de crème fraîche
175 g de fromage frais aux fines herbes et à l'ail
1 cuil. à soupe de persil frais ciselé

175 g de crevettes roses, cuites et décortiquées
1 cuil. à café de zeste de citron râpé
Poivre du moulin

Dans une casserole à fond épais, chauffez la crème et le fromage frais sur feu doux, en remuant constamment. Dès que le mélange est homogène, augmentez un peu à la flamme et portez jusqu'au seuil de l'ébullition. Hors du feu, incorporez les autres ingrédients. Mélangez aux pâtes chaudes et servez.

SAUCE OCÉANE ÉPICÉE

Cette sauce au goût bien relevé est aussi bonne que belle. À servir avec des bucatini et une salade verte.

800 g de tomates au naturel concassées
5 cuil. à soupe de persil frais (plus de quoi garnir) grossièrement haché
1 cuil. à soupe d'aneth frais grossièrement haché
1 petit piment frais épépiné et haché menu
3 gousses d'ail pelées et grossièrement hachées

10 cl de court-bouillon du commerce
2 cuil. à soupe de Pernod
Sel et poivre du moulin
450 g de poissons et fruits de mer mélangés : du calmar coupé en rondelles de 1 cm, de la lotte détaillée en cubes de 2,5 cm et des crevettes roses décortiquées ou non (les carapaces donnent du goût)

Mettez tous les ingrédients, sauf le calmar, la lotte et les crevettes, dans un robot ménager et mixez 1 min. Transférez dans une casserole, portez à ébullition et laissez mijoter 10 min. Ajoutez le reste et poursuivez la cuisson 4 min encore. Mélangez aux pâtes chaudes et décorez de persil.
• À défaut de lotte, prenez un poisson blanc à chair ferme.
• Le luxe suprême : ajoutez des morceaux de homard frais.

SAUCE AU CRABE ET AU GINGEMBRE

Le gingembre rehausse la saveur fine de la chair de crabe. Délicieuse avec des fusilli ou des farfalle, et une salade de choux chinois.

150 g de beurre
1 petite botte d'oignons nouveaux parés et hachés
1 morceau de racine de gingembre (de 7 à 10 cm) épluchée et râpée
25 cl de crème fraîche

1 cuil. à soupe de xérès
4 cuil. à soupe de vin blanc sec
Sel et poivre du moulin
175 g de chair de crabe effeuillée
1 cuil. à soupe de coriandre fraîche ciselée

Dans une casserole avec le beurre fondu, faites dorer les oignons et le gingembre. Versez la crème, le xérès et le vin ; assaisonnez et remuez bien. À petits frémissements, laissez cuire 5 min, le temps que la sauce épaississe. Ajoutez le crabe. Mélangez aux pâtes chaudes et décorez de coriandre.

SAUCE AUX PRAIRES

L'une des meilleures – une spécialité napolitaine. Excellente avec des spaghetti ou des tagliolini, avec une salade de fenouil assaisonné à l'huile d'olive vierge et au jus de citron frais.

3 cuil. à soupe d'huile d'olive
3 gousses d'ail pelées et hachées
4 belles tomates pelées (voir p. 17), épépinées et concassées
450 g de praires au naturel

égouttées (ou 1,3 kg de praires fraîches dans leur coquille, bien grattées)
Sel et poivre du moulin
3 cuil. à soupe de persil frais ciselé

Dans une poêle avec l'huile chaude, faites revenir l'ail 30 secondes. Ajoutez les tomates et laissez cuire 5 min, en remuant de temps en temps. Mettez les praires au naturel et poursuivez la cuisson 2 min encore. Si elles sont fraîches, faites-les cuire 5 min, le temps qu'elles s'ouvrent (jetez celles qui restent fermées). Assaisonnez, mélangez aux pâtes chaudes et décorez de persil.

SAUCE PIMENTÉE AUX ANCHOIS

Sauce colorée et bien relevée, à servir avec des coquillages, ou en entrée.
Préchauffez le four à 200 °C, thermostat 6.

5 poivrons rouges
12 cl d'huile d'olive
3 gousses d'ail pelées et pilées
1 piment fort frais haché menu

2 boîtes de 50 g d'anchois, égouttés
5 cuil. à soupe de persil frais ciselé
Poivre du moulin
Parmesan râpé

Mettez les poivrons sur une tôle de cuisson et enfournez-les 25 à 30 min, jusqu'à ce que leur peau noircisse. Transférez-les dans un sac plastique, fermez celui-ci et laissez-les refroidir. Au-dessus d'un saladier, pelez-les, épépinez-les et coupez-les en lamelles de 1 cm. Réservez le jus.
Dans une poêle avec l'huile chaude, faites revenir l'ail et le piment 1 min sur feu doux. Ajoutez les poivrons, leur jus et les anchois, et poêlez-les 2 à 3 min. Mettez le persil et poivrez. Mélangez aux pâtes chaudes et poudrez de parmesan.
• Cette sauce accompagne aussi les pâtes froides, mais supprimez le parmesan.

PÂTES NOIRES AUX SAINT-JACQUES

Les pâtes noires sont des pâtes colorées à l'encre de seiche. À servir avec une salade verte, pour le contraste.

2 cuil. à soupe d'huile d'olive légère
12 belles noix de coquilles Saint-Jacques, sans le corail, escalopées horizontalement
30 cl de vermouth blanc sec
Sel et poivre du moulin

1 à 2 cuil. à café de vinaigre balsamique
15 g de beurre
2 cuil. à soupe de persil plat frais ciselé

Versez l'huile dans une poêle très chaude et saisissez les noix de Saint-Jacques des deux côtés, sans les cuire tout à fait. Réservez-les sur un plat chaud.
Déglacez le récipient avec le vin, en raclant bien les sucs de cuisson. Portez à ébullition et laissez réduire de moitié environ. Ajoutez le vinaigre, assaisonnez et remettez les Saint-Jacques dans la poêle. Laissez cuire 1 min. Incorporez le beurre. Nappez les pâtes chaudes de cette sauce et décorez de persil.

SAINT-JACQUES ET RATATOUILLE POÊLÉE

La saveur fraîche des coquilles Saint-Jacques se marie bien avec une ratatouille. À servir avec des tagliatelle.

12 noix de Saint-Jacques, sans le corail
4 cuil. à soupe d'huile d'olive
Sel et poivre du moulin
1 gousse d'ail pelée et pilée
1 petit oignon rouge émincé
1 poivron rouge finement émincé
1 aubergine finement émincée, puis coupée en lamelles de 5 mm x 5 cm

3 courgettes finement émincées, puis coupées en lamelles de 5 mm x 5 cm
10 cl de vin blanc sec
1 cuil. à soupe de concentré de tomates
10 feuilles de basilic frais ciselées
Le jus de 1 gros citron

Badigeonnez les noix de Saint-Jacques d'huile d'olive, poivrez-les et réservez-les.
Chauffez l'huile qui reste dans une grande sauteuse et faites-y revenir l'ail, l'oignon et le poivron. Dès que les légumes commencent à fondre, ajoutez l'aubergine et les courgettes. Assaisonnez et laissez cuire 4 à 5 min – les légumes doivent être tendres mais non écrasés. Versez le vin, ajoutez le concentré et le basilic, et remuez bien. Tenez au chaud.
Dans une poêle à fond épais très chaude, saisissez les Saint-Jacques des deux côtés, baissez la flamme et laissez-les cuire 3 à 4 min, en les tournant une ou deux fois pour qu'elles cuisent uniformément.
Mélangez la ratatouille poêlée aux pâtes chaudes et garnissez de Saint-Jacques. Citronnez le tout et servez.

Ci-dessus   *Pâtes noires aux Saint-Jacques (p. 44)*

SAUCE TOMATE AU CALMAR

Cette sauce riche a une saveur orientale. À servir avec des spaghetti ou des pâtes longues et rondes.

5 cuil. à soupe d'huile d'olive
1 gousse d'ail pelée et pilée
1 petit piment rouge fort, frais, épépiné et haché menu
900 g de tomates mûres pelées (voir p. 17), épépinées et concassées

450 g de calmar nettoyé et détaillé en rondelles (laissez les tentacules entiers)
Sel et poivre du moulin
2 à 3 cuil. à soupe de coriandre fraîche ciselée

Dans une poêle avec l'huile chaude, faites revenir 30 secondes l'ail et le piment. Ajoutez les tomates et laissez-les cuire 5 min, en remuant de temps en temps. Mettez le calmar et poursuivez la cuisson 2 min encore. Assaisonnez, parfumez avec la coriandre et mélangez aux pâtes chaudes.

SAUCE DU LITTORAL

Idéale par une chaude journée d'été. À servir avec des papillons ou des coquillages.

225 g de pâtes cuites
225 g de crevettes, de moules, de calmar et de palourdes cuits
225 g de pois gourmands cuits 2 à 3 min
2 petits cornichons hachés
3 cuil. à soupe de basilic frais ciselé

2 cuil. à soupe de persil frais ciselé
1 cuil. à café de thym ou d'origan séchés
6 cuil. à soupe d'huile d'olive
1 cuil. à soupe de jus de citron
Sel et poivre du moulin
1 cuil. à soupe de câpres égouttées

Mélangez les pâtes aux ingrédients cuits et aux cornichons. Dans un bol à part, mélangez les herbes, l'huile d'olive et le jus de citron. Versez sur les pâtes. Assaisonnez et décorez de câpres.

Sauce au calmar et au vin rouge

Aillée et riche en saveurs marines, elle est excellente avec des cheveux d'ange ou des tagliolini colorés à l'encre de seiche.

2 cuil. à soupe d'huile d'olive	*20 cl de vin rouge*
1 petit oignon haché	*60 cl de court-bouillon du*
8 cuil. à soupe de persil plat	*commerce ou de fumet*
frais ciselé	*Sel et poivre du moulin*
3 gousses d'ail pelées et hachées	*2 cuil. à soupe de basilic frais ciselé*
450 g de calmar coupé en rondelles	*2 cuil. à soupe de ciboulette fraîche*
(laissez les tentacules entiers)	*ciselée*

Dans une poêle avec l'huile chaude, faites fondre l'oignon sur feu doux. Ajoutez le persil et l'ail et laissez cuire 1 min. Mettez le calmar et, sur feu plus vif, faites-le revenir 2 min. Baissez la flamme, versez le vin et le court-bouillon (ou le fumet) et laissez frémir 1 h à 1 h 30, à petit feu, jusqu'à ce que le calmar soit tendre. Mélangez aux pâtes chaudes, assaisonnez et parsemez de basilic et de ciboulette.

Sauce aux crevettes à la menthe

Mentholée, onctueuse et un brin croquante sous la dent, elle est délicieuse avec des tortiglioni ou des penne.

2 cuil. à soupe d'huile d'olive	*3 cuil. à soupe de menthe fraîche*
2 gousses d'ail pelées et hachées	*ciselée*
175 g de pois gourmands	*17 cl de crème fraîche*
350 g de crevettes roses décortiquées	*Sel et poivre du moulin*

Chauffez l'huile dans une sauteuse et faites-y revenir l'ail et les pois 1 min. Ajoutez les autres ingrédients, assaisonnez et laissez cuire 1 min. Mélangez aux pâtes chaudes.
• Pour la servir froide, remplacez la crème par du fromage frais, que vous incorporerez à la sauce après cuisson.

Sauce au homard et au vin blanc

Sauce raffinée pour les amateurs de crustacés. À servir avec des fettuccine ou des spaghetti.

1 cuil. à soupe d'huile d'olive	*450 g de homard cuit, chair*
1 cuil. à soupe d'oignon haché	*détaillée en morceaux de 1 cm*
10 cl de vin blanc sec	*1 cuil. à soupe de ciboulette ciselée*
2 cuil. à soupe bombées de crème	*1 cuil. à soupe de basilic ciselé*
fraîche	*1 cuil. à soupe de persil ciselé*
50 g de fromage frais aillé	*Sel et poivre du moulin*

Dans une sauteuse avec l'huile chaude, faites blondir l'oignon. Mouillez avec le vin et laissez frémir 4 min. Ajoutez la crème et le fromage, et portez jusqu'au seuil de l'ébullition, en remuant. Laissez frémir afin que la sauce épaississe légèrement, puis mettez le homard. Chauffez 1 min. Incorporez les herbes, assaisonnez et mélangez aux pâtes.

Sauce tomate au thon et aux olives noires

Des saveurs purement méditerranéennes pour cette sauce délicieuse avec des penne et une salade de pissenlits.

6 cuil. à soupe d'huile d'olive	*1 cuil. à soupe bombée d'olives*
1 oignon rouge haché menu	*noires dénoyautées et hachées*
3 gousses d'ail pelées et pilées	*1 cuil. à café de poivre vert, égoutté*
1 brin de thym frais	*et broyé*
400 g de tomates au naturel	*200 g de thon au naturel égoutté*
concassées	*400 g de haricots secs au naturel,*
2 cuil. à soupe de tomates séchées,	*égouttés et grossièrement hachés*
reconstituées dans l'eau chaude ou	*Le zeste râpé de 1 citron*
égouttées de leur huile, puis	*Sel et poivre du moulin*
émincées finement	*4 cuil. à soupe de persil frais ciselé*

Dans une sauteuse avec l'huile chaude, faites blondir l'oignon et l'ail, avec le thym. Sur feu un peu plus vif, faites cuire les tomates au naturel, avec leur jus, jusqu'à ce que la sauce épaississe, en remuant de temps en temps. Baissez la flamme, ajoutez les tomates séchées, les olives, le poivre vert, le thon, les haricots et le zeste. Laissez cuire 2 min encore.
Mélangez aux pâtes chaudes, assaisonnez et décorez de persil.
• Cette sauce accompagne également les pâtes froides.

Sauce au thon, aux pignons et aux câpres

Excellente sauce avec une note acidulée et une texture croquante. À servir avec des farfalle et une salade verte.
• Cette sauce doit mariner la veille.
Préchauffez le four à 180 °C.

900 g de thon frais	*1/2 cuil. à café de piments-oiseaux*
5 cuil. à soupe d'huile d'olive	*séchés et émiettés*
50 g de pignons grillés (voir p. 17)	*Le zeste râpé et le jus de 2 citrons*
2 gousses d'ail pelées et pilées	*2 cuil. à soupe de feuilles de basilic*
2 cuil. à soupe de câpres égouttées et	*frais ciselées*
grossièrement broyées	*Sel et poivre du moulin*

Badigeonnez légèrement le thon avec 1 cuillerée à soupe d'huile et enveloppez-le hermétiquement dans du papier d'aluminium. Enfournez-le 10 à 15 min, sortez-le, laissez-le refroidir et effeuillez-le.
Dans un saladier, mélangez le thon aux autres ingrédients. Laissez mariner une nuit à température ambiante.
Agrémentez-en les pâtes chaudes et assaisonnez.
• Cette sauce accompagne aussi les pâtes froides.

SAUCE AU SAUMON ET AUX FLAGEOLETS

Une sauce consistante, parfumée, qui s'accorde bien avec les macaronis et les penne.
Préchauffez le four à 190 °C, thermostat 5.

225 g de filets de saumon
400 g de flageolets au naturel
50 g d'olives noires dénoyautées et coupées en petits morceaux

5 cuil. à soupe d'huile d'olive vierge extra
Sel et poivre du moulin

Huilez légèrement un plat à four, mettez-y le saumon et enfournez 10 min. Sortez du four, laissez-le refroidir et effeuillez-le.
Faites chauffer les flagolets dans leur jus. Égouttez-les et transférez-les dans un saladier, avec le saumon et les autres ingrédients. Mélangez aux pâtes chaudes, assaisonnez et ajoutez un filet d'huile d'olive.

SAUCE AU CHAMPAGNE ET AUX HUÎTRES

Le luxueux raffinement du champagne et des huîtres pour une sauce à servir avec des cheveux d'ange ou des linguine.

25 g de beurre
2 poireaux finement émincés
25 cl de champagne
2 douzaines d'huîtres, sorties de leur coquille

25 cl de crème fraîche
Sel et poivre du moulin
1 cuil. à soupe de ciboulette fraîche ciselée

Dans une grande casserole avec le beurre fondu, faites revenir les poireaux 2 à 3 min. Versez le champagne et chauffez jusqu'aux premiers frémissements. Ajoutez les huîtres et laissez cuire 2 min ; retirez-les avec une écumoire et réservez-les. Laissez mijoter le reste 6 à 7 min, enrichissez de crème fraîche, assaisonnez et poursuivez la cuisson 10 min encore.
Baissez la flamme, remettez les huîtres dans la sauce et réchauffez-les 30 secondes. Mélangez aux pâtes chaudes et décorez de ciboulette.
• Servez dans des coupelles car la sauce est plus ou moins liquide.
• Remplacez le champagne par du sauternes.

Ci-contre *Sauce pimentée aux anchois (p. 44)*

Sauce safranée aux moules

Voici une sauce élégante où chaque saveur ressort individuellement. Délicieuse avec des spaghettini ou des tagliatelle fines.

4 stigmates de safran
35 cl de crème fraîche
50 g de beurre
2 échalotes hachées menu
25 cl de fumet de poisson (ou de court-bouillon)

900 g de moules fraîches, grattées et nettoyées
Sel et poivre du moulin
2 cuil. à soupe de ciboulette fraîche ciselée

Mélangez le safran à la crème fraîche et réservez.
Dans une grande casserole, faites revenir les échalotes 2 min dans le beurre fondu. Versez le fumet (ou le court-bouillon) et chauffez jusqu'au seuil de l'ébullition. Mettez les moules, couvrez et laissez cuire 6 min, ou jusqu'à ce qu'elles soient toutes ouvertes (jetez celles qui restent fermées).
Filtrez le liquide de cuisson dans une passoire posée au-dessus d'un saladier et jetez les coquilles vides.
Transférez les moules dans un autre saladier et réservez-les.
Remettez le liquide dans la casserole et faites-le réduire de moitié à pleine ébullition. Ajoutez la crème safranée et laissez frémir 10 min encore.
Assaisonnez, mettez les moules dans la sauce et faites chauffer 30 secondes sur feu doux.
Mélangez aux pâtes chaudes et décorez de ciboulette.

Sauce à l'aneth et à la truite fumée

Cette sauce estivale légère est excellente avec les coquillages et une salade verte.

200 g de mayonnaise maison
10 cl de vinaigrette
1 cuil. à soupe de jus de citron
Sel et poivre du moulin
15 g d'aneth frais ciselé

15 g de ciboulette fraîche ciselée
15 g de feuilles de basilic frais ciselées
8 filets de truite fumée

Assaisonnez les pâtes cuites, froides, avec la mayonnaise, puis la vinaigrette et, enfin, le jus de citron. Salez et poivrez. Ajoutez les herbes ciselées, puis la truite fumée, et remuez délicatement – veillez à ce que les filets restent entiers.

Sauce citronnée aux anchois

La note épicée de cette sauce s'accorde bien avec les tagliatelle fines, escortées d'une salade de tomates, d'épinards et d'œufs durs.

15 g de beurre
50 g de filets d'anchois égouttés et rincés
1 oignon haché menu
1 cuil. à café de câpres hachées menu

Le zeste râpé et le jus de 1 citron
25 cl de crème fraîche
Sel et poivre du moulin
2 cuil. à soupe de persil plat ciselé
Une pincée de poivre de Cayenne

Dans une casserole avec le beurre fondu, sur feu doux, faites cuire les anchois 4 min, ou jusqu'à ce qu'ils se morcellent, en les remuant de temps en temps. Surveillez-les de près car ils brûlent vite. Ajoutez l'oignon, laissez cuire 5 min, puis les câpres, le zeste et le jus de citron, et laissez 5 min encore. Incorporez la crème fraîche et attendez que la sauce commence à épaissir. Ôtez-la du feu et mélangez-la aux pâtes chaudes. Assaisonnez, décorez de persil et saupoudrez de Cayenne.

Sauce muscadée au saumon

La saveur fine du saumon se trouve accentuée par le mélange muscade-fenouil. À servir avec des spaghettini. Préchauffez le four à 190 °C, thermostat 5.

350 g de filets de saumon
30 cl de crème fraîche
50 g de beurre
10 cl de vin blanc sec
3 à 4 pincées de muscade râpée

2 à 3 cuil. à soupe de pecorino râpé
1 bulbe de fenouil de moyenne grosseur, finement émincé
Sel et poivre du moulin
2 cuil. à soupe de persil frais ciselé

Huilez légèrement un plat à four, mettez-y le saumon et enfournez 10 à 12 min. Sortez-le du four, laissez-le refroidir et effeuillez-le.
Mettez la crème, le beurre, le vin et la muscade dans une casserole et chauffez jusqu'aux premiers frémissements. Ajoutez le fromage et le fenouil, puis le saumon. Remuez délicatement.
Mélangez aux pâtes chaudes, assaisonnez et saupoudrez de persil.

Ci-contre *Sauce océane épicée (p. 43)*

SAUCES À LA VIANDE

Toutes les recettes sont pour quatre personnes.

SAUCE À LA VIANDE DE BŒUF SÉCHÉE

Le mélange insolite poivre vert et viande séchée donne une sauce à la saveur divine. À servir avec des linguine ou des fettuccine, et une salade de mâche.

15 g de beurre	(bresaola), détaillée en lanières
1 gousse d'ail pelée et pilée	de 1 cm
40 g de poivre vert rincé et égoutté	25 cl de crème fraîche
50 g de viande de bœuf séchée	Sel et poivre du moulin

Dans une casserole avec le beurre fondu, faites blondir l'ail 30 secondes – attention de ne pas le calciner. Ajoutez le poivre vert et faites-le revenir 5 à 6 min, jusqu'à ce que les grains éclatent. Mettez la viande et remuez bien. Versez la crème et portez jusqu'au seuil de l'ébullition, sur feu moyen. Baissez la flamme et laissez frémir 2 à 3 min. Assaisonnez et mélangez aux pâtes chaudes.

SAUCE CHAUDE AU BACON

Voici une sauce passe-partout, proche de la vinaigrette chaude quant à la préparation. À servir avec des fusilli ou des penne.

18 cl d'huile d'olive	1 1/2 cuil. à soupe de persil
3 à 4 gousses d'ail pelées et pilées	frais ciselé
175 g de bacon fumé, découenné et	Sel et poivre du moulin
taillé en lanières de 5 mm	Parmesan râpé
4 cuil. à soupe de vinaigre	
balsamique	

Faites chauffer la moitié de l'huile dans une poêle et faites-y blondir l'ail 30 secondes – attention de ne pas le calciner. Ôtez-le avec une écumoire et jetez-le.
Poêlez le bacon 4 min, ou jusqu'à ce qu'il soit croustillant, puis jetez toute la graisse. Raclez le fond de la poêle pour en décoller les sucs de cuisson, versez le vinaigre et remuez bien. Ajoutez le reste d'huile et, dès que la sauce est chaude, ajoutez le persil. Assaisonnez, mélangez aux pâtes chaudes et poudrez de parmesan.

SAUCE BOLOGNAISE

Il n'est rien de tel qu'une « bolognaise » robuste et aromatique pour vous réchauffer un soir d'hiver. À servir avec des tagliatelle fines ou des spaghetti.

2 tranches de lard fumé découenné	1 verre de vin blanc
100 g de foies de volaille	2 cuil. à soupe de sauce tomate
(facultatif)	30 cl de bouillon de volaille
2 cuil. à soupe d'huile d'olive	1 feuille de laurier
1 gousse d'ail pelée et pilée	1 brin de thym frais
1 cuil. à soupe d'oignon haché	1 cuil. à soupe de persil frais ciselé
1 cuil. à soupe de carotte hachée	6 graines de fenouil
1 cuil. à soupe de céleri émincé	Sel et poivre du moulin
450 g de steak haché maigre	Parmesan rapé

Hachez finement le lard et les foies de volaille (le cas échéant) dans un robot ménager.
Faites chauffer l'huile dans une casserole et, en remuant souvent, mettez-y à revenir l'ail, l'oignon, la carotte et le céleri, jusqu'à ce qu'ils soient tendres. Ajoutez le hachis et le steak haché, laissez cuire 2 min, puis ajoutez le vin et la sauce tomate. Remuez bien et laissez cuire 2 min. Ajoutez le bouillon, les herbes et les graines de fenouil. Laissez mijoter 1 h à feu doux.
Assaisonnez, mélangez aux pâtes chaudes et poudrez de parmesan.
• La bolognaise sert à préparer les lasagne.
• Elle se congèle bien. Préparez-en le double et gardez-en pour une autre fois.

SAUCE AU SALAMI ET AUX POIVRONS

Consistante, avec une pointe d'astringence, cette sauce est délicieuse avec les tagliatelle, et une salade de tomates relevée d'échalotes hachées menu.

1 cuil. à soupe d'huile d'olive	en lanières de 1 cm
vierge extra	1 cuil. à soupe de câpres égouttées
275 g de poivrons au naturel	et rincées
(épiceries italiennes), égouttés et	1 cuil. à soupe de persil frais ciselé
taillés en lanières	Poivre du moulin
75 g de salami coupé	

Faites chauffer l'huile dans une casserole. Faites-y revenir 5 min les poivrons et le salami, sur feu doux, en remuant de temps en temps. Ajoutez les câpres et le persil ; poivrez. Mélangez aux pâtes chaudes et servez.

Sauce safranée au porc et au basilic

Le safran et le porc s'accordent à merveille ! À servir avec des oreillettes (orecchiette) ou des penne rigate.

6 stigmates de safran
30 cl de bouillon de volaille
12 cl d'huile d'olive
1 oignon haché menu
2 gousses d'ail pelées et pilées
6 feuilles de basilic frais ciselées
3 cuil. à soupe de persil frais ciselé
1 cuil. à soupe de coriandre
fraîche ciselée

225 g d'échine de porc désossée
et hachée
1 cuil. à café de piments chile séchés
émiettés
1 cuil. à soupe de sauce tomate
1 cuil. à café de sauce soja
Sel et poivre du moulin
6 feuilles de basilic frais, coupées
en lanières

Mélangez le safran au bouillon et réservez-le.
Sur feu moyen, faites chauffer l'huile dans une casserole et faites-y fondre doucement l'oignon, l'ail et les herbes ciselées. Dès que l'oignon est transparent, ajoutez le porc et les piments. Dès que la viande commence à dorer, ajoutez la sauce tomate, la sauce soja et le bouillon safrané.
Assaisonnez et laissez frémir 3 à 4 min.
Mélangez aux pâtes chaudes et décorez de basilic.

Sauce pimentée à la pancetta

Un mélange subtil d'ingrédients pour une sauce originale à servir avec des penne rigate.

4 cuil. à soupe d'huile d'olive vierge
1 oignon haché
1 piment rouge frais haché
175 g de pancetta
finement émincée
225 g de salade verte
de printemps ciselée

1/2 cuil. à café de cumin moulu
3 tomates de moyenne grosseur,
pelées (voir p. 17), épépinées
et concassées
1/2 cuil. à café de poivre
du moulin

Sur feu moyen, faites chauffer l'huile dans une casserole et mettez-y à revenir 4 à 5 min l'oignon, le piment et la pancetta. Ajoutez la salade ciselée et le cumin. Laissez cuire 1 min, en remuant constamment. Ajoutez les tomates et poursuivez la cuisson 1 min encore.
Poivrez et mélangez aux pâtes chaudes.

Ci-contre *Sauce à la viande de bœuf séchée (p. 52)*

Sauce au jambon et au chèvre

Un goût de revenez-y pour cette sauce à servir avec des tagliatelle vertes.

2 cuil. à soupe d'huile d'olive pas trop fruitée	*175 g de fromage de chèvre, débarrassé de la croûte et*
2 échalotes hachées menu	*coupé en morceaux*
2 cuil. à soupe de bouillon de volaille	*50 g de jambon cru émincé*
2 cuil. à soupe de vin blanc sec	*Poivre du moulin*
	Pecorino râpé

Faites chauffer l'huile dans une casserole et faites-y fondre les échalotes sur feu doux. Mouillez avec le bouillon et le vin. Ajoutez le chèvre et mélangez bien le tout. Dès que le fromage est fondu, ajoutez le jambon et poivrez. Mélangez aux pâtes chaudes et poudrez de pecorino.

Sauce au foie gras et aux champignons sauvages

Cette sauce riche s'accorde bien avec les nouilles fines aux œufs ou les farfalle.
• Cette recette est pour deux personnes.

25 g de cèpes séchés ou 75 g de mousserons ou de cèpes frais, nettoyés et essuyés	*50 g de terrine de foie gras ou 75 g de foie gras, détaillé(e) en lamelles*
20 cl de bouillon de volaille	*Poivre du moulin*
2 cuil. à soupe bombées de crème fraîche	

Si vous utilisez des champignons séchés, faites-les tremper 30 min dans de l'eau. Égouttez-les et réservez-les ; jetez l'eau de trempage.
Mettez le bouillon et la crème dans une casserole. Laissez frémir doucement 2 min, ou jusqu'à ce que la crème épaississe, et ajoutez les champignons.
Répartissez les pâtes chaudes sur des assiettes, disposez le foie gras dessus et nappez de sauce. Poivrez et servez immédiatement.

Saucisses, lentilles et épinards

Une sauce robuste, merveilleusement parfumée, à servir avec des pâtes tubulaires comme des rigatoni.

100 g de lentilles du Puy	*1 gousse d'ail pelée et émincée*
1 brin de thym frais	*450 g de jeunes feuilles d'épinards*
1 feuille de laurier	*lavées*
2 gousses d'ail pilées	*15 cl de bouillon de volaille*
15 cl de vin rouge	*1 cuil. à soupe de sauce tomate*
4 cuil. à soupe d'huile d'olive	*Sel et poivre du moulin*
6 petites saucisses italiennes, piquées à la fourchette	

Mettez les lentilles dans une casserole, avec le thym, le laurier, l'ail et le vin. Couvrez d'eau à hauteur. Laissez mijoter 30 min env., ou jusqu'à ce que les lentilles soient tendres. Égouttez-les, jetez les aromates et réservez-les. Par ailleurs, faites chauffer 2 cuil. à soupe d'huile dans une poêle et faites-y dorer les saucisses sur toute leur surface, jusqu'à complète cuisson. Émincez-les et réservez-les. Dans une casserole, chauffez le reste d'huile et faites-y revenir 30 secondes l'ail émincé. Ajoutez les épinards, les lentilles (bien égouttées), les saucisses, le bouillon et la sauce tomate. Laissez cuire 2 à 3 min, en remuant bien. Assaisonnez et mélangez aux pâtes chaudes.

Sauce crémée au jambon

Servez cette sauce onctueuse avec des penne ou des fusilli et une salade d'endives aux noix.

50 g de beurre	*Sel et poivre du moulin*
1 oignon haché menu	*75 g de parmesan râpé*
15 cl de crème fraîche	*1 cuil. à soupe bombée de persil*
50 g de jambon de Parme, en tranche épaisse détaillée	*frais ciselé*
en petits morceaux	

Dans une casserole, faites blondir l'oignon dans le beurre fondu jusqu'à ce qu'il soit tendre. Ajoutez la crème et chauffez jusqu'au seuil de l'ébullition. Laissez frémir 1 min. En remuant constamment, ajoutez le jambon de Parme, salez et poivrez. Ajoutez le parmesan. Mélangez aux pâtes chaudes et saupoudrez de persil.

Ci-contre *Sauce au foie gras et aux champignons sauvages*

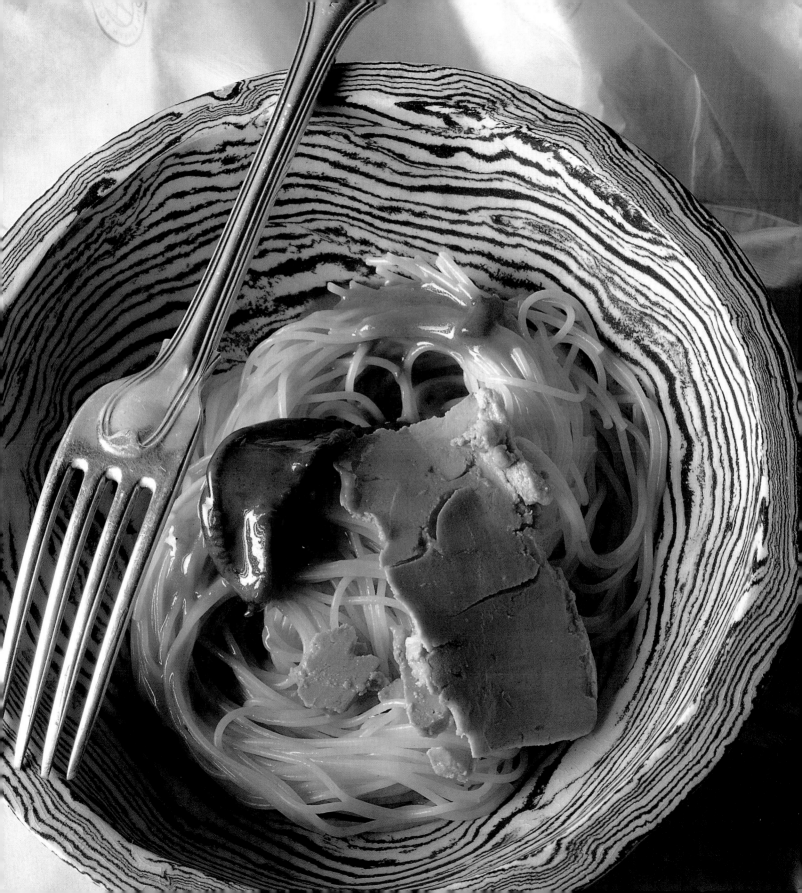

Sauce à la caille et aux morilles

Une sauce raffinée, facile à préparer, à servir avec des penne rigate ou des macaroni.

100 g de beurre
1 céleri-rave épluché et coupé en grosses lanières de 5 mm x 5 cm
4 blancs de cailles (plus les foies, si possible) détaillés en fines lanières de 5 mm

25 g de morilles séchées, mises à tremper dans de l'eau pendant 30 min, puis égouttées et émincées
4 cuil. à soupe de cerfeuil frais ciselé
Sel et poivre du moulin
Pecorino râpé

Faites fondre la moitié du beurre dans une casserole et mettez-y le céleri à revenir pendant 4 à 5 min, jusqu'à ce qu'il soit tendre. Avec une écumoire, transférez-le sur une assiette préchauffée.
Sur feu vif, faites sauter l'émincé de caille 3 min env. Remettez le céleri dans le récipient. Ajoutez les morilles, le cerfeuil et le beurre qui reste. Faites chauffer 2 min, en remuant de temps en temps. Assaisonnez, mélangez aux pâtes chaudes et poudrez de pecorino.

Sauce au lièvre et au lard

Vous ne regretterez pas le temps passé à préparer cette sauce exceptionnelle. À servir avec des pappardelle.

2 cuil. à soupe d'huile d'olive
50 g de beurre
50 g de lard maigre fumé, découenné et taillé en lardons
1 petit oignon haché
2 branches de céleri hachées

900 g de chair de lièvre hachée
1 cuil. à café de thym frais émietté
Sel et poivre du moulin
15 cl de vin blanc sec
50 cl de bouillon de volaille ou de veau parmesan râpé

Sur feu moyen, faites chauffer l'huile et le beurre dans une casserole et mettez-y à revenir les lardons, l'oignon et le céleri, jusqu'à ce que les légumes soient tendres. Ajoutez le lièvre et le thym. Salez et poivrez. Dès que la viande est dorée, mouillez avec le vin et laissez-le réduire presque totalement. Versez le bouillon, couvrez et laissez mijoter 2 à 3 h sur feu doux.
Rectifiez l'assaisonnement, mélangez aux pâtes chaudes et poudrez de parmesan.

Sauce tomate au chorizo

Sauce nourrissante et pimentée à servir avec des spaghetti ou des bucatoni, une salade d'épinards et de champignons et du pain *ciabatta* (pain long de Lombardie).

3 cuil. à soupe d'huile d'olive
1 petit oignon haché
2 gousses d'ail pelées et pilées
3 cuil. à soupe de jambon grossièrement haché
150 g de chorizo, sans la peau, grossièrement haché

20 cl de bouillon de bœuf
60 cl de sauce tomate (voir p. 41) ou 400 g de tomates au naturel concassées
2 cuil. à soupe de persil frais ciselé
Sel et poivre du moulin
Parmesan râpé

Chauffez l'huile dans une casserole et faites-y blondir l'oignon et l'ail. Ajoutez le jambon et le chorizo et laissez cuire 3 à 4 min. Mouillez avec le bouillon et la sauce tomate et laissez mijoter le tout 10 à 15 min, en remuant de temps en temps.
Mélangez aux pâtes chaudes, ajoutez le persil, assaisonnez et poudrez de parmesan.
• Pour une sauce plus relevée, ajoutez 1/2 cuil. à café de piments-oiseaux séchés émiettés.

Sauce aux foies de volaille et au madère

Mélange heureux d'ingrédients, à servir avec de gros coquillages et une salade de mâche.

1 cuil. à soupe d'huile d'olive
175 g de foies de volaille hachés
50 g de lardons
1 gousse d'ail pelée et émincée

1 cuil. à soupe d'estragon frais ciselé
4 cuil. à soupe de madère
Poivre du moulin

Sur feu vif, chauffez l'huile dans une poêle et faites revenir les foies 1 min. Ajoutez les lardons et l'ail et laissez cuire 3 à 4 min, en remuant constamment. Ajoutez l'estragon et le madère, remuez et laissez cuire 1 min encore.
Mélangez aux pâtes chaudes et poivrez.

SAUCE AU SANGLIER

Si ce n'est pas l'époque du sanglier, vous pouvez tricher en employant du porc. À servir avec des pappardelle.
• Pour cette sauce, les ingrédients doivent mariner dès la veille, ou pendant au moins 5 h. Comptez ensuite 1 h 30 de cuisson.

450 g de filet de sanglier désossé et haché (ou d'échine de porc désossée, détaillée en morceaux de 2,5 cm)
4 cuil. à soupe d'huile d'olive
1 oignon haché menu
1 carotte hachée menu
1 branche de céleri hachée menu
2 gousses d'ail pelées et pilées
1 cuil. à soupe de concentré de tomates

30 cl de vin rouge
Sel et poivre du moulin
Pecorino râpé
Pour la marinade
8 baies de genièvre
1 cuil. à café de romarin frais broyé
30 cl de vin rouge
1 oignon grossièrement haché
4 cuil. à soupe d'huile d'olive

Mettez le filet de sanglier haché (ou le porc) dans un saladier. Mélangez tous les ingrédients de la marinade et versez-la sur la viande. Laissez mariner une nuit, ou 5 h au minimum. Filtrez, recueillez la marinade et réservez-la. (Mettez le porc dans un robot ménager et hachez-le). Sur feu moyen, faites chauffer l'huile dans une cocotte et faites revenir la viande, l'oignon, la carotte, le céleri et l'ail, jusqu'à ce que les légumes soient tendres. Mouillez avec le vin et la marinade. Ajoutez le concentré et remuez bien. Laissez mijoter 1 h à 1 h 30, ou jusqu'à ce que la viande soit cuite. Assaisonnez, mélangez aux pâtes chaudes et poudrez de pecorino.

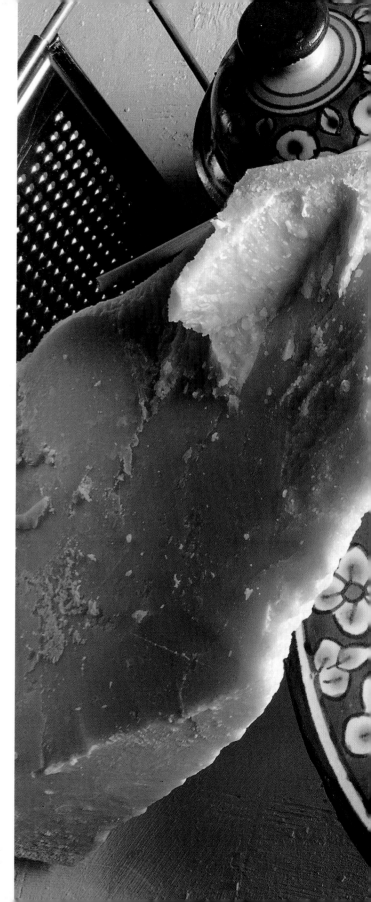

Ci-contre   *Sauce chaude au bacon (p. 52)*

REMERCIEMENTS

Je tiens à remercier le restaurant *La Famiglia*, Loyd Grossman et Orlando Murrin, rédacteurs en chef de *Woman & Home*, qui m'ont transmis leurs délicieuses recettes.

Je remercie par ailleurs Rose Prince et Jose Luke, qui ont exécuté les recettes et m'ont aidée à réaliser cet ouvrage. Leur enthousiasme et leur énergie m'ont motivée. Ce fut un plaisir de travailler avec eux. Je n'ai pas de mots pour dire mon admiration à Simon Wheeler pour ses superbes photos. Selon son habitude, il a fait preuve de drôlerie et de gentillesse à l'égard de toute l'équipe – une vraie star.

Un grand merci également à Elizabeth Gage, Maria Harrington, à mon fils Mark et à mon assistant Christopher Leach pour leur soutien et leur patience durant l'élaboration du projet.

Enfin, j'adresse mes sincères remerciements aux sociétés qui ont prêté ou fourni produits ou accessoires pour la réalisation des photos :

Matériel de cuisine
Summerill & Bishop
David Mellor

Huile, vinaigre et pâtes
Taylor & Lake

Fromages
Harvey and Brockless Ltd

Vaisselle, porcelaine, verres et linge de table
Verandah
Ceramica Blue
William Yeoward
Designers Guild
Robert Budwig

Pots en terre
Clifton Little Venice
Garden Antiques and Ornaments

Épicerie fine italienne
La Picena
Luigi's Delicatessen
Camisa & Son

Objets décoratifs anciens
Lauriance Rogier Antiques
David Pettifer Antiques
Ena Green Antiques
Myriad Antiques
Guinevere Antiques

INDEX

Adaptation française de Anne-Marie THUOT
Texte original de Sally GRIFFITHS
Révision Esther BAUMANN

Première édition française 1995 par Librairie Gründ, Paris
© 1995 Librairie Gründ pour l'adaptation française
ISBN : 2-7000-5371-0
Édition originale 1995 par George Weidenfeld and Nicolson Limited, The Orion Publishing Group
Dépôt légal : septembre 1995
sous le titre original   *100 great pasta sauces*
© 1995 Sally Griffiths pour le texte
© 1995 Simon Wheeler pour les photographies
Photocomposition   GPI - Juigné-sur-Sarthe
Imprimé en Italie